「新合伙制」²

（落地工具版）

移动互联网时代的新型企业组织模式

张子凡 著

海量干货
方法·工具·案例
常用合同·协议范本
一网打尽

中国经济出版社
CHINA ECONOMIC PUBLISHING HOUSE
·北京·

图书在版编目（CIP）数据

新合伙制.2，移动互联网时代的新型企业组织模式：落地工具版/张子凡著.
北京：中国经济出版社，2018.3（2021.3重印）
ISBN 978-7-5136-4873-8

Ⅰ.①新… Ⅱ.①张… Ⅲ.①企业管理—组织管理—管理模式—研究 Ⅳ.①F272.9

中国版本图书馆 CIP 数据核字（2017）第 233153 号

责任编辑　高晓晔　海毅
责任印制　巢新强
封面设计　任燕飞设计室

出版发行　中国经济出版社
印 刷 者　北京力信诚印刷有限公司
经 销 者　各地新华书店
开　　本　710mm×1000mm　1/16
印　　张　17.5
字　　数　250千字
版　　次　2018年3月第1版
印　　次　2021年3月第13次
定　　价　58.00元
广告经营许可证　京西工商广字第8179号

中国经济出版社 **网址** www.economyph.com **社址** 北京市东城区安定门外大街58号 **邮编** 100011
本版图书如存在印装质量问题，请与本社销售中心联系调换（联系电话：010-57512564）

前言
preface

长期以来，企业奉行的是“大棒加胡萝卜”这一简单粗暴的管理方式。干得好，赏根胡萝卜，再接再厉；干得不好，打一大棒教训一番，以观后效。然而，这种落后的管理方式效果甚微。在互联网经济浪潮下，员工的人才观、就业观也发生了巨大的变化，以往那种“大棒加胡萝卜”的管理方式已经成为企业创新、人才发展的桎梏。此外，传统的管理方式导致的无比厚重的“部门墙”、权力和责任割裂的业务设计、集权而低效的组织设计及员工的忠诚度、凝聚力的下降，都是当下许多企业面临的问题。

现在，欧美很多企业及一些新型互联网企业都在改变这种状态，改变企业与员工的关系，破除员工的“打工”围栏，不把员工当成“雇员”，而视作“合伙人”或“合作伙伴”。可以说，合伙人是一种新型的企业组织模式，企业中的核心成员能够获得公司股权、期权以及工资以外与公司效益息息相关的激励，通俗点讲，在某种意义上，员工就是老板，就是企业股东。

纵观当下，无论是新型的互联网企业还是传统企业，无论是资金、人才还是其他资源，都在寻求合作，以便人才、资源可以得到更合理地配置。顺应形势，在新的商业环境和管理条件下，包括员工持股在内的企业多种形式的长效激励方式，正在替代“胡萝卜加大棒”的传统管理方式，受到越来越多企业的关注和重视。如果说，以往的管理方式仅凭个人能力或雇佣几个员工就可以成功，那么在新经济时代必须找对合伙人，共同谋划，共同筹资，集思广益，减轻压力。正所谓：小生意靠单干，大事业靠合伙。

作为畅销书《新合伙制》的落地工具版，本书以合伙制企业的创建为出发点，从人才机制、经营模式、团队管理、股权激励、风险控制等多个层面为读者提供了一套可以落地生根的企业合伙方案，更加注重实效及可操作性。书后附有合伙制企业典型案例及常用的工具、范本、模板，读者可简单修改，复制使用。

马云曾说："下一轮竞争，不是人才而是合伙制度的竞争。"毫无疑问，合伙制是一种更具有生命力和活力的新型企业组织模式，是管理难题的解决之道。愿本书助力您转型企业组织架构，顺应移动互联网时代的新趋势，完成组织模式的顺利升级。

不懂这些规则，合伙创业成功率一定不会高！

目录
contents

在互联网经济浪潮下，企业最缺的就是创意、资金和人才。而传统的雇佣制企业恰恰也陷入了这样的魔咒：劳资关系恶化，资金大量浪费，人才被禁锢导致工作效率低下，企业效益长期萎靡不振。合伙制让这一切的管理问题得以根治。可以说，雇佣制的时代已经过去，合伙制的时代正在到来。

第2章 合伙制时代，不懂合伙必将散伙

这是个人人可以创业的时代，更是合伙抱团的时代。阿里巴巴的马云、360的周鸿祎、腾讯的马化腾、小米的雷军，四大互联网巨头曾发起过“合伙人时代”的强势号召，完成了从“人人创业”到“人人合伙创业”的转型。可以说，不懂合伙的创业，必然会受到市场和对手的无情碾压。

第3章 人才机制：选对人，用好人，留住人

合伙制企业之所以层出不穷，关键在于该制度对人的解放，特别是核心人才越来越被认可。相对雇佣制，合伙制的核心优势在于，让人才可以在一个更加公平、公正、自由的环境中展示自己。

第 4 章 经营模式：全体经营，人人担责

在雇佣制企业中，员工就是一名普通的打工者；而在合伙制企业中，员工则是合伙人。打工者与合伙人，不仅仅是劳动关系上的差异，更多的是职业观、对待工作的态度及心态上的差异。合伙制的目的在于消除打工心态，让人人都成为经营者。

第 5 章 团队管理：一个教练 + 一批学员

雇佣制团队就是领导 + 团队成员，领导发号施令，团队执行。合伙团队简单地讲就是议会，什么事都需要大家商量而定，然后坚决执行。雇佣制团队是一个决策者 + 若干做事的人，合伙团队是若干个决策者，同时也是若干做事人的集合。这就是雇佣制与合伙制团队的不同之处。

第 6 章 股权管理：合伙制企业激励管理的核心

股权可大大增强合伙人对企业的归属感，增强企业凝聚力，更能吸引和留住人才。合伙人实现持股的途径有三种方式，即合伙人直接持股，通过公司间接持股，通过合伙企业间接持股。在这三种持股方式中，通过合伙企业间接持股是最容易实现的。持有公司股份是成为合伙人的主要动力之一。相应地，对于合伙制企业来讲，做好合伙人的股权管理也是重中之重。

第 7 章 额外激励：满足合伙人的利益需求是根本

获得更多的利益，并得到确实的保障，是合伙制存在的基础。除股权激励外，其他额外激励也是一种有益的补充，为的是留住核心人才，使其与企业结成利益共同体，从而实现企业持续、稳定的效益增长。

第 8 章 风险控制：减少风险为合伙保驾护航

创业有风险，合伙须谨慎。在合伙制企业中，合伙人多了，盈利性增加了，伴随而来的风险也增加了。受多种因素影响，如管理能力、财务状况、市场前景、行业竞争、人员素质等，企业的盈利水平会发生变化，从而产生较大的风险。风险控制也是合伙制企业管理的重中之重。

第 9 章 初创企业、中小企业的合伙之道

合伙，已经成为企业生存与发展的重要战略之一，在大型的企业或知名企业已经得到了验证。其实，这种战略也非常适合初创企业、中小企业，只不过这些企业由于在资金链、发展规模、商业模式上与大型企业存在差异，具体的合伙上也有很多特殊性。

附录一　合伙制企业典型案例

附录二　合伙制企业常用的合同、协议模板

第1章

合伙制来临，雇佣制企业危机四伏

在互联网经济浪潮下，企业最缺的就是创意、资金和人才。而传统的雇佣制企业恰恰也陷入了这样的魔咒：劳资关系恶化，资金大量浪费，人才被禁锢导致工作效率低下，企业效益长期萎靡不振。合伙制让这一切的管理问题得以根治。可以说，雇佣制的时代已经过去，合伙制的时代正在到来。

1.1 雇佣制不再适应新时代

1. 什么是雇佣制企业

雇佣制是企业长期以来实施的主流模式，那么，什么是雇佣制呢？为了更好地了解这个问题，我们先来了解一下“雇佣”的意思。雇佣是指雇佣者和被雇佣者两大主体以交换的方式获取各自利益的一种形式。在企业中通常是指雇佣者（雇主，老板）雇请被雇佣者（工人）的实体或者个人，通过支付薪水的方式交换被雇佣者所付出的劳动。

雇佣制是特定历史时期的产物，曾经被誉为最有忠诚主义、温情主义、集体主义特色的家族制度。20 世纪 50 年代到 70 年代初，劳动力不足、人才紧缺，已经成为当时企业面临的最大问题，且这种局面难以在短期内得到转变，再生产远远赶不上市场迅速扩大的需要。在这种背景下，企业为了稳定熟练工人队伍，防止工人“跳槽”，普遍实行了“雇佣制”。

2. 雇佣制企业的特点

雇佣制最大的特点就是将企业与员工的利益较好地结合在一起。这一制度能给员工以更大的稳定，便于员工与企业之间，员工与员工之间产生信任，交流信息。久而久之，员工与企业之间无形中就形成了一种缔约，当两者的利益重叠在一起时，就形成命运共同体，这一共同体可促使员工为企业尽职尽忠。

雇主和被雇者的关系一经结成，就像婚姻关系一样非常牢固。企业员工将忠于职守为己任，无论是初级员工，还是高层管理人员都把工作看成是神圣的，把自己看成是企业不可分割的一部分，始终秉承一生都要对企业忠诚的信念。如果有部分员工表示出对公司不忠诚，就会遭到众人的谴责。在这种制度的影响下，所有员工都会自动自觉地形成一个目标，即让企业发展得更好更强大，并且为实现这个目标而齐心协力。

雇佣制对员工的影响还表现在团结精神和价值观的形成上，“公司就是家”不计较个人得失，不推崇个人英雄主义，齐心协力做好每一件事情。雇佣制企业员工都有“企业是家”“我是企业主人”的理念。如日本的终身雇佣制就是发展以后的家族制度。

日本企业十分注重感情投入，给予职工家庭式关心。员工对企业尽职尽忠，反过来企业也不会亏待员工。员工的福利制度、养老医疗、奖金津贴等等，方方面面的优势与便利条件企业都替员工着想，这使得上层管理人员同所有雇员之间形成一种同甘苦、共命运的情感。况且，几乎所有的员工一旦进入企业就会为企业工作几十年，员工与员工之间有着较为深厚的感情，相互关心、相互帮助，共同追求、共同奋斗。从而造就了企业的人际关系融洽，重情重义的氛围，员工都把企业当做家来看待。因此，企业有凝聚力，有团结精神。

需要注意的是，雇佣制实施的前提是为雇佣的员工提供优厚的福利待遇和极大的精神支持，解决实际生活中的问题。如日本的很多企业有完善的福利制度，包括社宅制度、廉价贩卖制度、共济制度、奖金制度、津贴制度、教育教养设施等一系列制度，通过这些优惠措施让企业具有“家庭式的”温情。

3. 雇佣制企业的弊端

近年来，曾经“风光无限”的日本企业遭遇了各式各样的“滑铁卢”，不少传统强势日本企业日渐没落。松下、索尼、东芝、夏普等知名企业都相继出现了经营问题。

案例

2015 年 1 月 30 日，日本的松下关闭了在华的最后一家彩电工厂。尽管官方一直强调今后将以贴牌代工的方式继续存在，但其在中国市场加工厂的边缘化已经显现。

与此同时，索尼也于 2014 年开始出现亏损。索尼作为世界上著名的电子企业也逃离不了亏损的厄运，2015 年 4 月索尼在其发布会上正式宣布 2014 财年净亏损额将进一步扩大，由之前估计的 500 亿日元上升至 2300 亿日元。这也是自 2008 年以来连续 7 个财年未实现盈利。

2015 年 3 月底，三洋电机将其在日本最后的子公司“三洋鸟取技术解决方案公司”的所有股权转让给一家投资基金，曾经的家电巨头时代就此画上句号。

当然，不止松下、索尼、三洋电机，东芝也是难兄难弟。从 2015 年 3 月起，东芝电视逐步退出海外市场，仅在日本本土制造和销售。2015 年 5 月初，东芝公司表示，因受项目成本尤其是电力系统业务方面的会计操作不当等影响，未来几个财年的利润将下调。

提到雇佣制，大多数人首先想到的就是日本企业，因为雇佣制是二战以后日本企业寻求生存与发展的一种主流模式。这一模式提升了企业在特定市场环境下的竞争力，加速了企业制度的完善和创新，激励了企业员工的工作积极性和干劲。使日本成为世界上最具竞争力的工业强国，拥有多家国际知名企业，其工厂以惊人的高效率生产着高质量的产品，遍及世界各个国家和地区。

20 世纪 80 年代，一提到日本的企业管理，很多人纷纷投以羡慕的目光，大量美国、欧洲的经理人飞越太平洋去丰田、索尼“朝圣”。然而，三十多年后的今天，那些曾被冠以多重光环的名企却遭遇困境，不得不降低生产缩减规模，裁减人员，原因何在？在众多管理专家看来，除了受经济下滑的影响外，最根本的原因就是过于依赖长期以来的成功模式——雇佣制。

雇佣制在日本企业中非常流行，在日本的法律和企业制度中，明确规定关于雇主必须实行终身雇佣制。“一进企业门，一辈子是企业的人”，无论干好干坏都不能开除，是真正意义上的“铁饭碗”。

雇佣制会给企业带来在资产组合和资源配置及产业结构调整方面的困难，同时对企业进行多元化经营也有不利的影响。随着市场形势的转变，雇佣制反而成为企业发展的制约。在当今科技至上的时代，与互联网、移动互联网相关的新型企业异军突起，雇佣模式下的企业面临着多重夹击，在企业管理理念上、人才招聘和使用上、产业链和营销渠道上都面临着诸多困难。

在日本，企业中员工被录用之后，在不严重违反公司制度、没有重大责任事故，即便员工的工作效率不高或者不能胜任某职位，也将在该企业中工作直至退休。这是对人才的浪费。在互联网时代，一切都在快速变化，合伙人机制能相对稳定地吸引资金，凝聚人心，将分散的资源聚集在一起，经过整合让其发挥更大的作用。

1.2 初识合伙制企业

1. 什么是合伙制企业

合伙企业是由两个或两个以上的自然人通过订立合伙协议，共同出资经营、共负盈亏、共担风险的企业组织形式。《中华人民共和国合伙企业法》第二条明确规定，“本法所称合伙企业，是指依照本法在中国境内设立的由各合伙人订立合伙协议，共同出资、合伙经营、共享收益、共担风险，并对合伙企业债务承担无限连带责任的营利性组织。”

从定义中可以看出，合伙制企业最大的特点就是企业中至少有两个或两个以上的所有者，共同享有企业权益，共同承担风险。企业可以由部分合伙人经营，其他合伙人仅出资并共负盈亏，也可以由所有合伙人共同经营。

根据合伙企业法，合伙制企业分为普通合伙企业和有限合伙企业，两种不同的合伙模式在经营管理权、利益所得以及承担的责任方面都有所不同。不同之处有以下 5 项，如表 1 - 1 所示。

表 1－1　两种合伙模式的不同

普通合伙企业	有限合伙企业
不得同本企业进行交易，但协议另有约定或者全体合伙人另有约定的除外	有限合伙人可以同本企业进行交易，但是合伙协议另有约定的除外
不得自营或者同他人合营与本合伙企业相竞争的业务	可以自营或者同他人合营与本合伙企业相竞争的业务，但合伙协议另有约定的除外
普通合伙企业的合伙协议不得约定将全部利润分配给部分合伙人	不得将全部利润分配给部分合伙人，但合伙协议另有约定的除外
以其在合伙企业中的财产份额出质的，须经其他合伙人一致同意；未经其他合伙人一致同意，其行为无效	可以将其在有限合伙企业中的财产份额出质，但是合伙协议另有约定的除外
投入部分资金，全权负责经营管理，也要承担无限责任	投入资金，但不得参与经营管理，且只以其投资的金额承担有限责任

值得注意的是，有限合伙企业的成立是有条件的。通常要求由两个或两个以上，最多 50 个的合伙人组建而成，同时至少要有一个普通合伙人。除了合伙人人数、权限上的要求，在其他方面还有要求，具体来讲有以下几个：

（1）有书面合伙协议；

（2）有各合伙人实际缴付的出资；

（3）有合伙企业的名称；

（4）有稳定的经营场所；

（5）有从事合伙经营的必要条件。

2. 合伙制企业的特征

与雇佣制企业相比，合伙制企业有很多自身的优势和特点，其实这类企业名为企业，实则上已经脱离了企业的本质。如很多合伙企业根本不符合《企业法》的规定，完全用相关条令根本无法解释清楚；在企业的管理上可以没有严格的规章制度和企业章程，只需与合伙人签订一份合伙协议；可以不设股东，不设董事会，没有企业法人，不缴纳税收，等等。

那么，我们该如何理解合伙制企业呢？这就需要把握以下几个特征：

（1）生命有限。

合伙企业比较容易设立和解散。合伙人签订了合伙协议，就宣告合伙企业的成立。新合伙人的加入，原合伙人的退伙、死亡、自愿清算、破产清算等，都可能导致原合伙企业解散或新合伙企业成立。

（2）责任无限。

合伙组织作为一个整体对债权人承担无限责任。按照合伙人对合伙企业的责任，合伙企业可分为普通合伙和有限合伙。普通合伙的合伙人均为普通合伙人，对合伙企业的债务承担无限连带责任。

（3）相互代理。

合伙企业的经营活动，由合伙人共同决定，合伙人有执行和监督的权利。合伙人可以推举合伙负责人。合伙负责人和其他人员的经营活动，由全体合伙人承担民事责任。换言之，每个合伙人代表合伙企业所发生的经济行为对所有合伙人均有约束力。因此，合伙人之间较易发生纠纷。

（4）财产共有。

合伙人投入的财产，由合伙人统一管理和使用，不经其他合伙人同意，任何一位合伙人不得将合伙财产移为他用。只提供劳务，不提供资本的合伙人仅能分享一部分利润，而无权分享合伙财产。

（5）利益共享。

合伙企业在生产经营活动中所取得、积累的财产，归合伙人共有。如有亏损则亦由合伙人共同承担。损益分配的比例，应在合伙协议中明确规定；未经规定的可按合伙人出资比例分摊，或平均分摊。以劳务抵作资本的合伙人，除另有规定者外，一般不分摊损失。

3. 合伙制企业的分类

合伙制主要有两种形式，普通合伙制和有限合伙制。普通合伙制通常是指合伙人共同出资、共同经营、共享收益、共担风险。

根据《中华人民共和国合伙企业法》的规定，普通合伙人对合伙债务背负的是无限连带责任。而有限合伙人主要是指不得以劳务对合伙制企业出资、不执行合伙事务、不对外代表合伙组织，只按出资比例分享利润和分担亏损，并仅以出资额为限对合伙债务承担清偿责任的合伙人。合伙制企业的分类如表 1－2 所示。

表 1－2　合伙制企业的分类

类目	普通合伙人	有限合伙人
对企业债务的责任承担方面	普通合伙人对合伙制企业债务承担的是无限连带责任	有限合伙人以其认缴的出资额为限对合伙制企业的债务承担责任
与本企业交易方面	除了合伙协议的约定或者经全体合伙人一致同意之外，普通合伙人不能同本合伙制企业进行交易	有限合伙人可以与本有限合伙制企业进行交易
在竞业禁止方面	普通合伙人不得从事与本企业相竞争的业务。合伙协议另有约定的除外	有限合伙人可以从事与本企业相竞争的业务。合伙协议另有约定的除外
在财产份额出质方面	普通合伙人以其在合伙制企业中的财产份额出质的，必须经过其他合伙人一致同意；未经其他合伙人一致同意的，这种行为将视为无效	有限合伙人可以将其在有限合伙制企业中的财产份额出质
在财产份额转让方面	除了在合伙协议中另有约定之外，普通合伙人向合伙人以外的人转让其在合伙制企业中的全部或者部分财产份额时，必须经其他合伙人一致同意	有限合伙人可以按照合伙协议的约定，向合伙人以外的人转让其在有限合伙制企业中的财产份额。但需要提前一个月通知其他合伙人
在出资方面	普通合伙人可以用货币、实物、知识产权、土地使用权或者其他财产权利出资，也可以用劳务出资	有限合伙人不得以劳务出资

除了一般合伙制和有限合伙制之外，还有一种特殊的合伙制企业，即特殊普通合伙制企业。想要成立特殊普通合伙制企业，需要具备以下两个条件。

第一个条件，某一个或者多个合伙人因为故意或者重大过失引起企业的债务，则由其承担无限责任或无限连带责任，而其他合伙人只承担有限责任。

第二个条件，非重大过失引起的企业债务，所有的合伙人承担无限连带责任。

因此从本质上来看，还是普通合伙制企业的模式。

无论是一般合伙制、有限合伙制还是特殊普通合伙制，都有三个共同点：自愿组成的合伙组织形式；不具备独立法人资格；至少有一个承担无限责任的普通合伙人。

4. 合伙制企业的优势

合伙制之所以能够得到大多数人的认可，被很多大企业所推崇，就是因为它具有很多优点。尤其是与雇佣制、固定工资制企业相比，合伙制在资金的筹集上、人才的调配上更灵活，更容易操作。

（1）资金优势。

合伙人可共同出资，比独资好。企业要筹集大量资金是十分困难的，权益资本的贡献通常受到合伙人自身的利益和能力限制。比如美国苹果公司，始于个体创业制或者合伙制，当到达一定程度时，他们才会选择转换为企业制形式。

（2）决策优势。

集体智慧比一个家族企业的益处要多，可共同应对难关；合伙制企业的管理控制权属于合伙人共同经营。在重大事件上，比如企业利润留存数额，往往需要通过投票来决定。

（3）管理优势。

在企业管理上，合伙制企业是由合伙人共同经营，信息来源广，经营决策意见通常需要讨论决定，这样就大大减少了失误。同时，各合伙人之间可以相互监控、相互促进。

(4) 税收优势。

总的来说，合伙企业不是法人，纳税方面有限公司可以申请一般纳税人开具增值税专用发票，也可以有一些合理避税的手段，比如个人所得税，这适合小型企业。如果是注册的，比较大型的合伙制企业，也可以实现避税优势，合伙人以合伙制企业的生产经营所得和其他所得，按照合伙协议约定的分配比例确定应纳税所得额。

5. 合伙制企业的意义

李嘉诚曾说："善于合作，才能壮大自己的实力。"做生意，办公司，仅靠个人的能力和资源是行不通的，必须学会与人合作；在合作中优势互补，共同发展，才能形成强强联合。学会与人合作，积极地团结他人，不仅是个人成功的需要，更是企业团队获取更大利益的需要。

合伙制对于企业来讲，其意义主要体现在资金的扩充、人才的聚集和合伙人参与感的营造上。

(1) 扩大资金来源和增强信用能力。

在一个企业的发展过程中，资金是最重要的，比如留住人才、增添设备、抢占市场、上市等，这些都需要资金。合伙制的出现，让企业有了更多的资金来源。企业多一个合伙人，就会多一份资本。同时，合伙人出资之后，为了企业的长远发展，会共同努力、诚信经营，这也能在很大程度上增强企业的信用能力。

(2) 聚集更多的人才、智慧、创意，提高企业的综合竞争力。

合伙制的出现，让技术人才、智慧、创意全都随着合伙人一起融入企业，这样不但能够带动其他合伙人的积极性，还为企业带来了大量人才和软设备，让企业拥有更强的竞争力。

当人才参与公司经营决策、融入创业合伙人团队时，才有可能真正找到创业的感觉。就如同小米员工对加班的评论："如果你找一份工作，天天加班当然是不行的，但如果是创业就不同了，创业是一种生活方式，你在为自己而活。”

（3）创造参与感。

没有人会用心擦拭一辆租来的车。合伙人机制最大的特点就是创造拥有感。当然这个拥有感不是法律上的拥有概念，即与资本享有同等的股权、决策权、分红权。这种拥有感主要是参与企业经营的权利，在企业内部为人才创造创业的条件，把为别人打工变为“为自己打工”。

（4）合伙制能够增加企业发展和扩大的可能性。

合伙制在给企业带来更多人才、资本的同时，也给企业带来了更多的机遇。因此，合伙制企业往往可以在未来走得更远，企业发展速度和规模也会随着合伙制的出现而增加。

1.3 合伙制企业与雇佣制企业的区别

合作制和雇佣制最大的区别表现在资本运作模式和利益分配上。

资本雇佣劳动，大股东是老板，员工是“打工仔”，资本与员工相对割裂，甚至仅一个人持股。企业治理权力方面，资本拥有绝对话语权，而且等级关系明显，官僚主义较常见，部门利益显著、部门之间的隔阂较大。

利益分配方面，传统雇佣制更多倾向资本而非员工，员工难以公平享受企业发展成果。按马克思的说法，这本质上是一种剥削。在权力和利益方面，资本与员工之间失衡。而且，员工的行为容易短期化。导致的后果是员工动力不足，资本容易“任性”，损害企业可持续发展。同时，企业的成败系于老板一人，风险很大。

合伙制是对传统雇佣制的巨大颠覆，意味着从资本雇佣劳动变为资本与劳动的合作。从单纯的员工变为兼具股东身份，从“打工仔”变为“合伙人”，资本与员工更多地融合。在企业治理权力方面，由于股权结构的优化，股东之间的权力相对更均衡，员工话语权更大，相应的管理扁平化更普遍，分权成为常态。

员工之间更多体现为合作、合伙、协作；权利和义务相对平等，而非传统的上下级关系；官僚主义空间更小，内部监督更有力，部门之间的隔阂也得到消除。

利益分配方面，在合伙制的形式下，资本、员工之间的利益分配更公平，员工获利空间更大，能更好地满足当下很多人对财富包括财务自由的追求。正如周鸿祎所说的："我经常跟员工说，我给你发工资，撑破天百万年薪，还有一半都交个人所得税了，所以工资就是养家糊口的钱。真正的财务自由，一定要争取拿到股票期权，只有资本上的回报才能创造这种成功。"

合伙制企业中，"人人都是创业者，人人都是管理者。"员工和股东只有身份上的差异，没有权利与义务上的差异。这将有利于形成深度的利益和命运共同体，降低企业发展的成败仅系于一人的风险。

1.4 合伙在法律意义与实践中的不同

在谈到合伙制企业时，首先要区别法律意义和实践意义上的不同概念。

1. 法律意义上的合伙制

在现实生活中，很多律师事务所、法律咨询机构和会计事务所等都是合伙制企业。这些企业的合伙人都是法律意义上的合伙人，是指在法律和协议基础的约束下，共同投资、共同经营、共同分享利润、共同承担风险的法人或者自然人。

在这种合伙人机制下，普通合伙人对合伙制企业的债务承担无限连带责任，有限合伙人仅仅承担有限责任。如果企业的财产不能清偿企业债务，普通合伙人则需要以个人财产对其他普通合伙人名下的企业债务负责，有限合伙人则只需赔付其缴纳的出资额。

2. 实践意义上的合伙制

管理意义上的合伙制又称“企业体制下的合伙制”，是对法律意义上的合伙制管理模式的一种借鉴。然而，企业的合伙人制并不能改变公司的法律性质。企业的合伙人可以脱离无限责任的约束，实行类似合伙人企业的机制和模式，将短期激励与长期激励有效结合起来，发挥核心人才的积极性。

因此，企业合伙人机制有诸多优点，它既吸取了合伙制企业的组织优点，又很好地规避了责任风险，是企业制和合伙制企业的最好组合形式。

第2章

合伙制时代，不懂合伙必将散伙

这是个人人可以创业的时代，更是合伙抱团的时代。阿里巴巴的马云、360的周鸿祎、腾讯的马化腾、小米的雷军，四大互联网巨头曾发起过“合伙人时代”的强势号召，完成了从“人人创业”到“人人合伙创业”的转型。可以说，不懂合伙的创业，必然会受到市场和对手的无情碾压。

2.1 合伙制到底在“合”什么

“合伙制”是一个极其古老的概念，如果从广义上理解合伙制，“刘关张的桃园结义”无疑是一个先例，他们为共同的目标聚集在一起，各有分工，朝着同一目标而努力，这就是合伙制。在移动互联网时代，创业者可以充分利用合伙制来筹集资金，与创业合伙人并肩作战，共担风雨，共享事业成果。

在管理实践中，合伙制也正在逐渐取代传统雇佣制。所谓的“合”就是共用、共享，通过合作实现资源的互通有无，扬长避短。

案例

2014 年年初，在企业年报业绩说明会上，万科总裁郁亮曾对外公开表示万科将实施事业合伙人制度。2014 年 5 月 28 日，这一合伙人制度也被正式推到了实质性的阶段。代表万科事业合伙人集体的“盈安合伙”，在二级市场以约 3 亿元的价格购买了约 3584 万股万科 A 股股票，占万科总股本的 0.33%。

截止到 5 月 29 日，合伙制融资达到 14 亿元。这些资金全都是“真金白银”。其中很大一部分资金来自事业合伙人集体委托管理的经济利润奖金集体账户，剩余部分为引入融资杠杆而融得的资金。在这种合伙机制下，事业合伙人都已签署《授权委托与承诺书》，将其在经济利润奖金集体账户中的全部权益，委托给“盈安合伙”的一般合伙人进行投资管理，包括引入融资杠杆进行投资；与此同时，他们还承诺在返还企业的或有义务解除前，以及融资本息偿付完成前，该部分集体奖金及衍生财产将被统一封闭管理，不兑付到具体的个人。这对万科的融资来说是一件十分有利的事情。

万科合伙人的获利方面，万科的经济利润方案规定，当年的经济利润会递延三年。换句话说，2014 年的经济利润需要延后至 2018 年才能发放。这种方式在很大程度上让万科的事业合伙人在融资方面拿出的是“真金白银”，至少在三年之内对万科而言都是一大笔可利用的发展资金，而且这三年内事业合伙人也不能退伙。

从这个案例可以看出，事业合伙人机制还明显地提升了万科集团在融资方面的力量。一方面，通过合伙人入股的方式，将项目和投资利益相关的资金有效吸纳进来，为房地产项目提供了更多现金流支持；另一方面，合伙人的大量“真金白银”入股也提升了企业的股价，增强了万科集团的形象，有利于万科在二级市场中更好地融资和发展。

其实，除了万科外，现在已经有非常多的合伙制创业企业，如阿里巴巴、小米等。他们都是在长期的管理实践中，经过多次失败，逐步摸索出来的，最终找到了最适合自己的模式——合伙制。从众多成功的合伙制企业范例中可以总结得出，合伙模式是最强的企业管理模式之一，值得深入学习和探索。

那么，合伙制企业到底在“合”什么呢？这是初创合伙制企业创业者，或者比较成熟的合伙制企业决策者、管理者必须明确的一点。具体来讲有以下几点：

1. 资金

成立合伙制企业很重要的目的就是解决资金不足问题。因此，合伙某种程度上也是一种集资方式。初创人可以通过合伙的形式将大众的资金聚集起来，这些投资人每人出一部分资金都会成为企业的共有财产。而企业给予回报的是每个投资人承当企业的股东，并享有股权、企业盈利后的分红等。

2. 人才

人才是企业的重要资源，传统企业主要靠招聘和高薪聘请，而合伙制企业则是让其充分融入进来，参与企业的管理，成为企业的一部分。这也使得合伙制企业在吸引人才方面更有优势，合伙制就是一个吸收人才的蓄水池，用参与经营和高额回报将合伙人与企业利益紧紧地捆绑在一起。这样一来，合伙人做事就有了积极性。

公司中优秀的同事、有潜力的员工，未来应会以合伙人的身份真正主导自己的事业与未来。创业者与管理者只有不断吸引优秀的合伙人加入，才能保持团队的战斗力。而一个有战斗力的团队，是所有企业发展的必备基础。合伙人制属于创业公司，也最终将属于传统企业。

3. 技术

合伙制可以解决人才匮乏、资金紧缺等问题，同时也可以获得技术、知识产权上的支持。如果合伙人有自己的技术、知识产权，或其他劳务等，也可以参与成为合伙人。有的企业有资金，但就是缺核心技术，这时就通过合伙人机制最大化地吸引新技术进来，让企业更趋于稳定，技术更成熟，更适应市场发展的需求。

4. 项目

合伙的可以不仅仅是资金、人才、技术，还有运营项目。假如某人 A 拥有一个非常有前景的创业项目，鉴于在管理、资金等诸多方面有些薄弱，不得不找人合伙，这时就可以寻求投资人的帮助，将自己的创业项目传递出去。当有投资者 B 看中该项目之后就会对该项目进行投资，同时 A 就成了 B 的合伙人之一。这种方式已经成为当下年轻人创业的一个途径，现在有很多手中拥有好项目的人，缺乏的就是资金、技术、平台的支持。

可见，合伙制是全方位的“合”，可最大限度地做到扬长避短，互通有无，从而使初创企业快速走上正轨，使比较成熟的企业实现资源的整合。

2.2 适合实行合伙制的四种企业类型

合伙制企业在目标、对象、模式和资金来源等方面都各有自身的特点。因此，要想实行合伙制是有条件的，必须结合企业实际情况而行。换句话说，合伙制虽然能够避免雇佣制企业的一些弊端，但并不意味着就是万能的。有些企业的问题并非合伙制可以解决，如果盲目实行合伙制反而会适得其反。

因此，想要实行合伙制应具体问题具体分析，而且在实行合伙制时可以灵活运用。有些企业不顾自身实际情况，盲目实行合伙制，结果反而使企业陷入了被动。那么，哪些企业适合实行合伙制呢？一般来讲，以下几类企业最适合实行合伙制，具体如表 2－1 所示。

表 2－1　适合实行合伙制的几类企业

初创或者转型期的企业	处于初创期或者战略转型期的企业最适合实行合伙制，因为这阶段的企业正面对各类资源紧缺，或授权风险，在自主创新、主动协同等方面也很弱，急需建立一种可在短期内发挥作用的激励体制，以此来匹配企业的需求
知识型或创新型企业	知识型企业需要不断创新，人才的责任心、投入度、创造性和协作性等都是企业成功与否的决定要素。这样的企业如果实行合伙人制，就可以在很大程度上协调资本与知识的关系。企业可以让核心员工通过有限合伙对企业进行间接持股，让资本持有者与知识持有者和谐融合，突破传统的雇佣与被雇佣的关系

续表

控股权稳定的企业	合伙制的有效性来源于原有股东与合伙人的利益是一致的，如果原有股权结构过于分散，那么自然很难达成一致，这样会造成企业在行动力和执行力上有缺陷，就算引入新的合伙人也不会解决问题，甚至还会产生更多的纷争。因此，只有当企业的控股权稳定时才适合实行合伙制。比如万科集团，虽然股权结构高度分散，但是在经营层面的股权人却很好地控制了集团，所以万科的控股权是稳定的，那么就适合实行合伙制
轻资产型企业	轻资产型是一种以价值为驱动的资本战略模式，主要是通过建立良好的管理平台，集中于设计开发和市场推广，从而促进企业的生存和发展。当企业处于这种模式时，就可以采用合伙制 阿里巴巴、小米企业都是典型的轻资产型企业。它们的特点就是自然资源、厂房等硬件上的有形资产很少，大部分都是轻型资产。相比重资产型企业，轻资产型企业在合伙人入股价格方面比较低，但却同样能获得增值利润，每股收益或许会更高

从以上 4 类企业中可以总结出一些通用的东西，即实行合伙制的条件。

第一，阶段性。企业最好处于初创期，或转型期，那些较稳定的、正处于发展上升期的企业不可轻易做合伙人。

第二，知识个体性。一个知识、创新型的企业，其企业知识是否掌握在个人手中。举一个反例，富士康的绝大多数知识都浓缩在生产线上，工人只需按照工作规程进行简单重复的操作。因此，富士康的工人不仅不需要创造力，甚至不能有创造力。对于这类企业而言，他们建立合伙人机制是没有意义也没有必要的。

第三，股权分散性。企业的股权不能过于集中，如果一个企业的股权集中在老板、高层管理人员等少数几个人手中，那么，与中层、基层在很多问题上就很难达成共识。老板、管理层本能不愿意放弃剩余股权，而企业中一部分优秀的、卓越的员工希望得到一部分股权，这样一来就会矛盾重重。最终的结果就是这部分想得到股权的人一定会去投靠一个合伙制的企业，或者自己创业。

第四，业务的封装性。即企业可将所从事的业务分解成一个个小的单位，且每个单位都可以单独进行核算。以律师事务所的业务为例，每个业务都是由一个个案子组成的，每一项业务就是一个项目，这种情况适合实行合伙制。反过来说，另一些企业的业务，需要海量的人一起协作，这就是不具备封装性的业务。业务如果没有封装性，合伙份额就无法确定，因为每个人的贡献既无法量化评估，也无法通过内部博弈来确定。

总之，企业要实行合伙人制度，需要分析自己的企业是否满足以上这四个条件。

2.3 合伙制企业的申请、注册流程

创业开办公司之前必须要了解相关的流程、国家规定以及当地特殊的地方性政策与规定。尤其是第一次创业的年轻人，一定要把相关流程研究透彻，否则，盲目行事则会带来不必要的麻烦，甚至会使你半途而废，无功而返。

案例

胡强准备与他的 3 个朋友一起创办一家防盗系统销售公司，他们一共凑齐了 50 万元，随后就开始张罗着选址、注册公司，并给公司起名字。3 个从来没有创办企业经历的年轻人从公司注册这一步就开始“晕菜”了。

虽然在产品的设计开发中，他们个个都是好手，但是在准备创办企业这件事上，他们甚至连工商管理部门的大门朝哪边儿开都不清楚，这让他们心里没了底。为了了解注册程序，他们先到工商管理部门拿了一套注册公司的程序介绍。

3 个人回来研究了一番，却发现越研究越不明白。像他们这样开发防盗系统的公司究竟应该注册成什么类型的企业？应该提供哪些资料？具体的费用是多少？究竟该怎么给自己的公司起名？几个人商讨了好几个晚上还是没有个结果。烦琐的注册程序，使几个人同时产生了畏难情绪。最后，这个计划还没真正实施就“流产”了。

胡强的创业失败正好说明了一个问题，没有规划就会失败。无论做什么事情，只有尽早做好规划，认清自己所做的事，才能充分发挥自身的潜能，才能准确地把握人生方向，塑造成功的人生。实践证明，创业也一样，在创业生涯中能够取得成功的人，往往是那些有明确的职业生涯规划的人。在创业之前，要熟悉创业所需的各种手续办理流程，以及与之相关的开销。明确相关的办理流程是明确权责，承担义务的依据，有助于你充分地认清自己发展的进程，并指引你在之后的创业道路上不断进步与完善。

熟悉开办公司相关手续办理流程，能够在很大程度上帮助你日后的企业管理和发展。具体包括以下几方面的内容：

（1）领表。

申请人凭《合伙企业名称预先核准通知书》向登记机关领取《合伙企业设立登记申请书》，按表格要求填写。

（2）提交材料。

合伙企业设立登记应提交下列材料：

1）全体合伙人签署的设立登记申请书；

2）全体合伙人的身份证明；

3）全体合伙人指定的或者共同委托的代理人的委托书；

4）合伙协议；

5）出资权属证明；

6）经营场所证明；

7）国务院工商行政管理部门规定提交的其他文件；

8）法律、行政法规规定设立合伙企业须报经审批的，还应当提交有关批准文件。

（3）受理审查。

登记机关在收齐申请人应提交的上述材料后，发给申请人《合伙企业申请登记提交材料收据》。

企业登记机关自收到申请人应提交的全部文件之日起30日内，做出核准登记或者不予登记的决定。

（4）查询结果。

申请人按照《合伙企业申请登记提交材料收据》的说明，查询申办结果。

（5）领照或领取合伙企业登记驳回通知书。

如果合伙企业设立登记申请被核准，申请人凭《合伙企业申请提交材料收据》办理领取《合伙企业营业执照》手续；如果合伙企业设立登记被驳回，申请人凭《合伙企业申请提交材料收据》领取《合伙企业驳回通知书》。

2.4 合伙协议起草的原则、内容与注意事项

订立合伙协议、设立合伙企业，应当遵循自愿、平等、公平、诚实信用原则。合伙协议经全体合伙人签名、盖章后生效。合伙人按照合伙协议享有权利，履行义务。修改或者补充合伙协议，应当经全体合伙人一致同意。但是，合伙协议另有约定的除外。合伙协议未约定或者约定不明确的事项，由合伙人协商决定；协商不成的，依照本法和其他有关法律、行政法规的规定处理。

为了更好地发挥合伙协议对各个合伙人的规范和约束，在制定时至少应体现以下内容：

（1）合伙企业的名称；

（2）合伙企业经营场所地址；

（3）合伙企业经营范围；

（4）合伙经营的期限；

（5）创始人的基本信息；

（6）利润分配和亏损分担办法；

（7）合伙企业事务的执行；

（8）各个合伙人出资的方式、数额和缴付期限；

（9）合伙权利和义务；

（10）企业的解散与清算；

（11）违约责任；

（12）争议的解决方式。

其中明确约定合伙人的权利和义务是最主要的一部分，必须详细、明确、全面地约定，具体见表2-2所示。

表2-2 合伙协议中的权利与义务范畴

权利的内容	义务的内容
合伙事务的经营权、表决权和监督权	足额出资：合伙人应按照协议约定实际交付出资
合伙利益的分配权	分担合伙企业的经营损失和债务：具体表现为对外的连带责任，对内的按比例、按约定分担
查阅账簿的权利，包括企业的经营状况和财务状况	竞业禁止：合伙人不得自营或者同他人合作经营与本合伙企业相竞争的业务。
退伙的权利，包括退伙的方式、债务的分担、合伙财产的分割等	退伙后保守商业秘密的义务

订立合伙合同，除了遵循合同订立的一般原则外，还应注意下列几个有关事项：

（1）理清合伙人的出资。

合伙人的出资是合伙业务开展的基础。合伙人可以用货币、实物、知识产权、土地使用权或者其他财产权利出资，也可以用劳务出资。合伙人的出资数额不一定相等，出资的种类也不一定相同，但都须将出资按其价值折为若干股份。因此，无论以何种方式出资，合伙人出资的方式、金额、期限，都应在协议中明确规定。

合伙人出资金额的确定，通常由全体合伙人委托法定评估机构评估作价，也可以由全体合伙人协商确定，重要的是在签订合伙协议时必须明确载明各个合伙人的出资金额及比例，如此一来，才能在今后的盈余分配及债务承担中明确各个合伙人的权利和义务。

（2）合伙人的主体资格审查。

审查合伙人的资格，应当包括合伙人的人品、能力、家庭情况、资产情况、有无对外大额债务等，这是签订合伙协议最重要的方面。如果合作方是企业，应保留其营业执照复印件；如果合作方是个人，应详细记录其身份证号码、家庭住址、电话。

另外，在审查合伙人主体资格时还应注意以下限制性规定：

1）国有独资公司、国有企业、上市公司以及公益性的事业单位、社会团体不得成为普通合伙人。

2）普通合伙企业中，合伙人为自然人的，应当具有完全民事行为能力；有限合伙企业中，作为自然人的有限合伙人可以由不具有完全民事行为能力的人承担。

3）特殊的普通合伙企业中，合伙人需要有相应的专业资质，如律师事务所中的合伙人需要具有法律从业资格。

4）作为有限合伙人的自然人死亡、被依法宣告死亡或者作为有限合伙人的法人及其他组织终止时，其继承人或者权利承受人可以依法取得该有限合伙人在有限合伙企业中的资格。

（3）关于合伙事项的执行。

再美好的协议也需要坚决的执行来保证，需要脚踏实地地执行才能实现。因此，在合伙协议中，关于合伙事项的执行应明确具体，什么事项由什么人执行、什么人有什么权限等，必须条分缕析地约定出来。

在约定这些执行条款时应重点写清楚以下几个内容：

1）岗位说明。合伙的时候，要明确商定各自的职务和负责的业务，如谁负责公司的日常运营管理，谁负责业务，谁负责技术开发，谁负责产品设计，等等，都应该明确地写入协议。

2）最终的决策权。初创企业最怕的就是几个合伙人为了一些小事，七嘴八舌地商量，白白耽误时间。因此，在协议里应该明确确定谁拥有最终决策权，这样可以提高决策的效率。

3）重大事项执行程序。当企业发展遇到重大事项时（例如融资、并购、收购等）该如何执行，对此应制定一套可供参考的程序。

4）约束机制。在合伙协议里，应该针对商业秘密、竞业禁止等做出规定，防止公司开发的技术产品在合伙人退出后被带到竞争对手那里。

（4）关于合伙事项的变动。

在合伙过程中，因为各种原因总会出现这样或那样的变动，一旦有变动，原协议的执行就会受到影响。为了应对这些变动，协议中应该尽可能地写清楚可能有的变动，以及变动的处理方案。

变动的事项多种多样，但通常来讲主要集中在以下三个方面：

1）财产变动。如果某个合伙人想退出，想把财产份额转让，该怎么处理呢？是对内还是对外？对外时，其他合伙人是否有优先购买权？

2）入伙与退伙。如果有新的伙伴想加入你们的创业团队，该怎么入伙？入伙程序是怎样的？如果有人想退伙，退伙的程序又是怎样的？

3）解散并清算。企业都是有生命周期的，一家企业发展到一定程度后，要通过并购、收购等另一种方式延续生命（或解散并清算），具体应走什么样的程序呢？

（5）禁止使用的字样。

在合伙协议中不能使用"有限"或者"有限责任"字样命名合伙企业。根据《中华人民共和国合伙企业法（2006）》第二条规定，普通合伙企业的合伙人对企业债务承担无限连带责任；有限合伙企业的普通合伙人对合伙企业债务承担无限连带责任，有限合伙人以其认缴的出资额为限对合伙企业债务承担连带责任。如果合伙企业以"有限"或者"有限责任"字样命名，则具有欺骗性，由此可能影响正常的交易行为。

以上几个方面的内容是合伙协议中应该明确规定的，创业者千万不要怕麻烦而"偷工减料"。这是增加合伙人违约的成本，以保障合伙事业顺利进行的有效武器。

2.5 合伙制度、章程的建立与实施

企业的任何行为都需要制度的保驾护航，合伙作为一种更具有创新性、风险性的企业行为，同样需要更多的相关制度、章程来规范和约束。正如俗话所说“无规矩不成方圆。”其意思就是说，没有规则的约束，行为就会陷入混乱。合伙若想在企业展中发挥其作用，前提就是建设和完善相关的制度和章程。

那么，一个完整的企业通常需要哪些规章制度呢?

首先要制定科学、严谨的企业章程。约定好企业重要事项的管理方法（比如财务的任命、董事、总经理的任命及各自的权限等）。合伙企业一般都有两个及以上合作人，这就需要在事前通过企业章程约定好各自的权限和利益的分配等。

其次是企业常用的管理制度。企业管理制度是企业在生产、经营过程中需要共同遵守的规定和准则的总称。如组织机构设计、职能部门划分及职能分工、岗位工作说明、薪酬奖励制度（含考核)、行政保卫制度、公章使用办法、总经理办公会制度、工作或流程、财务制度、人力资源制度、后勤制度等。企业管理制度是企业整个制度体系的“骨干”，因此必须加以重视，建立与企业发展相配套的管理制度。

这里重点强调的是财务管理制度，这是管理制度中的重中之重，包括

支出、报销等流程的严格制定，把制度落到实处。

最后是与合伙人有关的其他制度。如股东特殊利益分配制度，合伙人费用报销制度等。这些制度是整个制度体系中最有力的补充，适合规模较大，实力比较雄厚的，合伙人福利相对完善的大型企业，如阿里巴巴就有合伙人退休制度。

企业有大有小，如果是小企业，有些管理制度就可以合并，所以关键不是有多少制度，而是制度的有效性和可操作性。

建立合伙制度、章程对于一个合伙企业来说是至关重要的，没有制度的保障，建立起来的合伙人在实际工作中很难发挥作用。有很多企业尽管实行了合伙制，但效果却不佳。究其原因就是，大多数企业只是在局部，或在某个项目上具有了规章制度却没有形成一个良好的机制，没有作为一种制度坚决地去执行，从而使得合伙失去了原本的意义。

建立和完善合伙企业制度、章程，是企业走向合伙管理的第一步。其目的是通过建立和完善企业各项制度，对企业合伙工作实行规范化管理，从而明确各部门职责和工作流程，提高合伙水平。

2.6 合伙股东股权的分配与管理

股权，是合伙企业中合伙人因投资而获得的最大收益，而合伙人之间最容易发生的争端就是股权利益分配不均，分配不均常常是造成合伙企业分崩离析的主要原因。“首席娱乐官”“逻辑思维”“泡面吧”以及“西少爷肉夹馍”等都是股权之争。这充分证明，合伙企业合伙人的股权分配问题一旦处理不好，对企业的伤害是致命的，将严重影响到企业的生存与发展。

那么，如何来最大限度地避免股权分配不均呢？

1. 认真筛选持股人员

一定要记住，并不是所有的合伙人都有持有公司股权的权利，股权必须是合伙人在对公司做出一定贡献后才获得的回报。因此，哪些人可以持有公司股份，必须有严格的程序控制。

通常来讲，有四部分人持股：①核心管理团队成员，如店长、经理等必须入股。②公司核心高管必须入股。公司核心管理团队高管成员的经营管理能力和积极性与公司效益息息相关，如果他们不参与，激励的有效性将大打折扣。③优秀员工有入股资格，但可以结合自身经济状况自愿选择。优秀员工的标准为：在公司服务两年以上的普通员工，现职一年以上的领班、主管。④表现优秀，愿在公司长期发展但不具备上述条件者也可以入股。

2. 根据投资测算持股比例

根据公司的实际情况核算投入的资金（通常只算实际投入资金，不含品牌估价等），然后由公司高层决定拿出多少比例给合伙人持有。如拿出50%分配给合伙人，那么，创始人与合伙人的持股比例就是50:50。

3. 规定股金

有些企业在分配股权时，实行“干股”，即直接配给合伙人一定比例股份然后根据持股参与公司分红。但实践证明，这样效果并不理想。所以，有些公司附加一些条件，如要求持股人须缴纳一定的股金。如经理级别及以上的合伙人需缴纳10～20万元，普通合伙人5～10万元（在上下限之间自愿选择金额）。也可分阶段交纳，所有符合持股条件的合伙人可以先缴纳70%，其余30%从个人薪资中逐月扣除，年度分红则按员工缴纳总金额计算。值得注意的是，要依据公司经营情况，在规定期限内退还合伙人本金，如果公司经营出现亏损，则个人本金受到相应影响。

4. 规范合伙人退出机制

为了稳定企业的发展、避免人才流失，必须对合伙人退伙做出严格的规定。原则上，所有合伙人非特殊原因是不允许随便退伙的，最好规定一个明确的年限，如3年、5年等。在规定期限内退伙，仅退还个人所缴纳本金，不享受红利；因特殊原因退伙，如不能胜任职责，个人身体原因不能继续从事本岗位工作者，经审核同意后退还个人缴纳的本金，满年则参与当年分红，不足1年按当年银行同期利率付给利息。

5. 制定科学、合理的分红方案

企业一般会根据个人参与缴纳的金额分发红利，一年一清，但在分红的额度上、方式上却不尽相同。这与公司的经营状况、公司的具体分配计划有关，为保证股权收益的均衡，必须制定科学、合理的分红计划。

一般来讲，分红利润率 = 年度实际利润 ÷ 资金总额，个人所得分红金额 = 个人缴纳入股金额 × 分红利润率；分红额度：由公司按照当年的利润率将红利提出。

6. 公司内部成立专项基金

如果是初创合伙企业，最好在企业内部成立一支专项基金，由民选管理者及员工组成基金委员会共同管理。如有的企业为推行员工合伙，就会先在分公司，或者下属的门店成立专项基金，该专项基金持有试点分公司或门店一定比例的股份，员工从基金会中认购“股份”，当员工退出时，也只是从基金中退出，不考虑溢价，从而保障了公司利益。

股权不是单一地多给合伙人发些工资、福利，如果是这样那仍是沿用传统的“给胡萝卜”的激励方式，仍是在把合伙人当员工、雇佣人员看待，通过劳动交换薪酬。股权激励一定是把“合伙人”视为平等的合伙伙伴，给权利（参与经营的权利）、给责任（公司经营好坏直接影响个人的资金投入和收入）、给前景（在公司的发展前景），使合伙人变“给老板打工”成为“给自己打工”，企业要和合伙人一起做蛋糕、分蛋糕，实现“双赢”。

2.7 选择最适合企业的合伙模式

合伙是个很广泛的概念，在实际操作中还有很多不同的具体做法，这也就决定了合伙制企业不同的合伙模式。

常见的合伙模式有以下4种：

1. 众筹合伙

众筹是一种集资方式，它与有限公司是有本质区别的。创业者可以通过众筹的模式将大众投资人聚集起来，这些投资人每人出一部分资金一起成立一个有限合伙制企业，让每个投资人都成为公司的股东，并且享有公司盈利后的分红权。这样搭建的企业就是有限合伙制企业，而众筹是这种合伙制的必然条件。众筹有限合伙制企业的模式如图2－1所示。

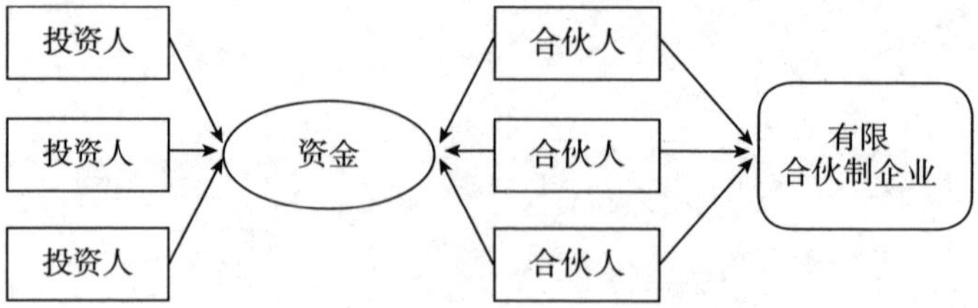

图2－1　众筹有限合伙制企业的模式

这种合伙方式，重在解决企业的资金问题，适合于有成熟项目，业务较大的企业。需要注意的是，在众筹过程中，股东结构一定要搭配好，不能盲目地以“钱”为重，只要有注入资金就可以成为股东。股东结构要呈现出鲜明的层次感，既要保证充裕的资金链，还要有能支撑整个企业的中间力量，这部分股东通常要占到70%。

2. 外包合伙

在合伙制的模式中，还有一种方式十分具有激励性，那就是以外包的形式鼓励合伙人参与。在合伙制盛行的当下，企业也可以采取这种方式，让合伙人全权负责某个项目、某个业务，从而有机会得到更多的利益。

这种合伙形式重在鼓励内部人员成为企业的合伙人，类似于短期的“出租”。如一个大型的集团企业，要在全国各地多个城市开设连锁店，除了外部加盟外，另一种方式就是指派有能力的内部员工去全面负责某区域的市场，包括公司的经营、销售、人员招聘等，自负盈亏。总公司只授权产品的经营权，保留了所有权，靠所有权收取合伙人的利润分成。

在这种情况下，这些委派出去的员工就成了集团的合伙人，他们以自己的劳务来换取产品的经营权。对总公司而言，因得到了大批精英人才而使产品遍布全国各地，而被更多的消费者所认知。外包经营合伙制企业的模式如图 2－2 所示。

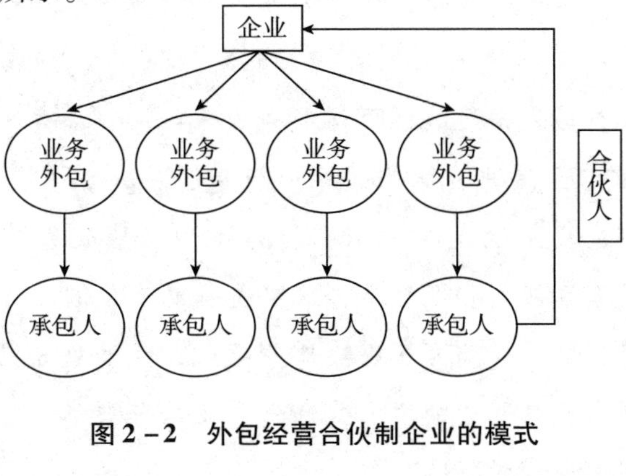

图 2－2　外包经营合伙制企业的模式

这种模式是在保持企业原有所有权的前提下改善企业的经营状况，它既没有让激励对象（承包者）获得原有企业的所有权，维持了原有的利益格局，又能在一定期限内通过承包合同划清企业与合伙人的收益分配关系，使激励对象有一定的经营决策权，从而激发激励对象的积极性，让企业越来越好。

推行店铺合伙人制是拯救服装店铺，让服装店铺发展壮大的一个有效方式。女装品牌拉夏贝尔就是一个典型的例子。创立于1998年的女装品牌拉夏贝尔（La Chapelle）在这方面就做得很好。

案例

截止到2016年年底，拉夏贝尔仅在国内已拥有近8000家全直营门店。面对数量如此庞大的门店，拉夏贝尔是如何实现有效管理的呢？就是店铺合伙人制度。

所谓的店铺合伙人，就是将“加盟”改为“直营”，将“店长”升级为“店铺合伙人”。在服装行业普遍采用“全加盟”或“少数直营，多数加盟”模式下，“直营”十分有助于企业的发展。一是可店铺在全国范围内统一实现整体布局，线上线下同步上新、同步活动、同款同价。二是总仓、店铺仓库存可以共享。店铺相当于网店的仓库，实现了完全协同效应，将原本分散、割裂的孤岛式店铺体系库存资源连接成一体。三是可促使各店铺店长、店员从关注“销售额”指标转向关注“成本”、“利润”指标，使得店长和店员都可共享店铺经营成果。这显然是一种合伙人形式的操作手法。以前店长对店铺的营销、成本、用人问题等可能不会太关心，或关心不够，而新制度在一个可行范围内给店长以更大的责权利空间，提升店铺的管理能力和经营活力，实现绩效最大化。

拉夏贝尔推行带有店铺合伙人性质的直营，目的就是是让员工向合伙人转变，意识到自己是门店的主人，提升员工的归属感，增强员工在工作上的主动性、创造性和责任感。

3. O2O + C2B + 众筹

随着“互联网 +”的发展，合伙人模式也在不断发展和创新，O2O + C2B + 众筹这种多维立体化的合伙方式似乎更受年轻群体欢迎。这是一种多维立体化的合伙模式，它将线上线下全面打通，并且使消费者和企业之间联合互动，用众筹的方式吸引合伙人和消费者，组建合伙制企业。

当然，采用这种合伙制模式的企业需要在线上和线下都有份额，比如在线上要有电商商城和产品线，在线下要有体验店，在市场中要有一定的号召力，还要有支持自己的消费者和粉丝。

案例

2014 年，乐视 TV 宣布推出“LePar 超级合伙人”计划。这个计划的主旨是通过创新，将 O2O + C2B + 众筹一体化，吸引更多合伙人加盟。

乐视 TV 将以 C2B 为商业逻辑，以 O2O 为商务平台，以 LePar 为合作项目招募合伙人，无论是自建 LePar 体验中心，还是加盟当地的 LePai 体验中心，均可成为乐视的合伙人。

那么什么是 LePar 项目？乐视对“LePar”的解释是“创新的 O2O + C2B + 众筹多维一体”合作模式。具体包括 O2O、C2B、众筹三部分。

1）在 O2O 方面，线上将建设 LePar 线上平台“lepar. letv. com”，线下将通过开设统一授权管理、统一标准、统一服务的乐视 TV 体验店，吸引更多合作伙伴加入。

2）C2B 方面，超级合伙人可通过乐视 TV 体验店进行用户招募体验，与用户沟通做市场调研和需求预测，并最终获取订单，为用户提供服务，整个过程中无须打款、零库存、零风险，产品销售实现全流程电商化。

3）众筹模式方面，LePar 计划也是乐迷创业或者个体经销的合适项目。

参与任何一个方面都可以成为乐视合伙人，乐视希望通过其乐迷群体、内容优势、全国物流体系、云平台、电商平台和乐迷社区等交互体系打造出线下体验、线上下单、统筹服务的O2O模式,为超级合伙人提供了一个共同掘金的市场机会。

乐视的这些合伙人并非传统意义上我们常见的“销售商”,而是“综合服务商”。在这次超级合伙人计划中,乐视所建立的线下门店更多定位于体验店模式,而实际的产品销售依然保持线上订单预订式销售方法。这种多维度合伙方式,既增大了乐视的线下覆盖率,也提升了线上乐视商城的知名度。

有了这个超级合伙人计划,合伙人可以在线下开设经过乐视同意的授权体验店,乐视对其进行统一管理和提供服务。

4. 开放协同式的合伙制

这是针对在股权、控股等方面,目的在于建立开放协同式的新合伙制。开放协同式创新为企业去中心化提供动力支持。一个企业想要突破和创新,需要依靠外在的力量,那么这些外在力量就可以成为企业的开放合伙人。

案例

全球最大的芯片公司英特尔就是这样做的。可以说,协同创新是英特尔打开未来市场的一把钥匙。因为英特尔的创新和技术突破,每次都会借助政府、赞助商、学术界、研究机构等的帮助,那么,为了双赢,与其合作,不如合伙。

如英特尔曾与网通、联想合伙联手推动无线局域网在中国市场的普及和部署,为消费者提供“一站式”服务。

以往,用户要寻求高带宽的无线局域网接入,需要自行购买无线网卡、无线局域网接入账号,同时又要解决信息安全和软件兼容性等问题。当与网通、联想合伙后,这一问题得到大大改观。联通公司负责提供具有漫游功能的无线局域网接入账号，英特尔提供无线局域网网络产品，联想将前两者与基于英特尔移动奔4处理器的昭阳笔记本电脑无缝整合，从而为用户提供完整的无线移动计算产品，用户无需额外负担就可以更轻松地拥有无线接入能力，让使用过程进一步简化。

英特尔从2010年就开始调整管理机制，对协同创新模式的探索也从未停止过。英特尔不但与世界顶级学术研究机构的研究人员进行直接合作，还采取了开放知识产权的方式，让英特尔公司在全球拥有了更多的“创新协同合伙人”。

这种开放性的做法会吸引更多开发者、投资者加入其中，成为英特尔的合伙人，也让英特尔的产品研究变得更加活跃。这种深度协作创新的合伙机制基于开放的知识产权模式，不仅让英特尔和诸多研究人员受益，也为整个行业和消费者带来了福音。

第3章

人才机制：选对人，用好人，留住人

合伙制企业之所以层出不穷，关键在于该制度对人的解放，特别是核心人才越来越被认可。相对雇佣制，合伙制的核心优势在于，让人才可以在一个更加公平、公正、自由的环境中展示自己。

3.1 合伙人的几个选择标准

合伙制企业要想得到长足的发展，首先是找对合伙人，这是最基本的。纵观那些成功的合伙制企业，他们都是选择了最适合自己的合伙人。合伙人都有一些共同特征，这些共同特征就是选择的标准。电影《中国合伙人》里曾表现过，之所以会成为合伙人，无非是有钱，有技术，有管理能力，或在其他方面非常出色。但一个合格的合伙人仅仅有这些是不够的，更重要的是在人生观、价值观、追求，以及性格、性情上保持一致，且能形成互补。

案例

马云和其他合伙人在一开始创业时，经历了无数的困难和阻碍。而真正留下来的“十八罗汉”便是马云最靠谱的合伙人，也是阿里巴巴的“顶梁柱”。如果当初在面对困难和阻碍时这些合伙人不够坚定、不够忠诚，那么也许就没有现在的阿里巴巴了。因此，找到一个信念坚定并且内心忠诚的合伙人十分重要。

托尼·利维坦和弗雷德·坎贝尔是Egreeting企业的创始人，同时也是Lexy. com网站的拥有者。他们的创业之所以会成功，源于两人有共同的目标。两人无论是在创业项目还是发展方向上，都有极其相似的想法。因此，他们的事迹非常能够体现拥有共同目标在合伙创业中的重要性。

究竟什么样的才称得上优秀的合伙人呢？可以重点考察以下几个方面：

1. 相同的价值观

价值观决定了人的自我认识，并直接影响和决定着一个人的理想、信念、生活目标和追求方向的性质。价值观对人的行为有很大的影响，相同条件下，有不同价值观的人会产生不同的行为结果。所以，对于合伙制企业来说，选择一个价值观相同的合伙人是非常重要的。

价值观统一是合伙制企业成功的前提。相反，如果几个合伙人价值观不一致的话，就会出现各种各样的意外情况，最终对企业的运营产生不良的影响。

2. 共同的目标

在有着相同价值观的基础上，合伙人还要有共同的奋斗目标。目标一致，才能共创未来。对于企业的经营有共同认知的人，即可纳入合伙人的考虑范围，因为志同道合的人在运营分工上会比较默契。

如果合伙人目标不一致，就如同两个人相处，离得远的时候可能发现不了，走得越近，分歧就越大。

3. 坚定信念和激情

做事只有三分钟热度，没有坚持走下去的决心，没有做事的激情，是绝对不适合做合伙人的。这类人通常无法共担风险，一有困难就想退缩，这会给合作埋下隐患，或影响整个企业打拼的劲头。因此，要找一个对于成功有极其强烈愿望、对创业有坚定信念的人。

雷军做小米手机组建的团队，每个人都激情四射，不但技术过硬，更关键的是有激情。这些人在雷军的感召下满怀激情而来，是百分百的工作狂。如果没有这样的创业激情，雷军也很难在短短的五年内将小米做到 450 亿美元的估值。

4. 有能力，能独当一面的人

如果说前三条都代表一个人的软实力的话，那能力则是硬实力。与人合作，最主要的还必须有硬实力。能力是硬实力之一，因此，选择合伙人不止要看他的内在素养，还要在这些软实力的基础上考察这个人是否有能力独当一面。作为一个创业者，很难一个人独扛大旗，必须要有一个很有“力气”的人和你一起托起明天的太阳。合伙的意义在于形成合力、提高效率，而不是找一个人来拖住你前进的后腿，降低整体的水平。

比如复星集团，他们的人才观就体现出了对能力的重视：“我们在评价一个人的时候，最重要是看他的能力，我们永远要跟有能力的人站在一起。在有能力的人中，通过合理的激励把他们变成自己人。”在决策中，复星提倡“最专业的事由最专业的人来决策”，这也是复星集团产业稳步扩张、步步为营的重要支撑因素。如果缺少开放的理念，缺少对专业性的尊重，每个人都可能成为团队的能力瓶颈，特别是带队伍的人的能力瓶颈会成为整个企业发展的“天花板”。

5. 有创业信心和面对失败的勇气

做企业必须有失败的心理准备。创业是有风险的，且必然会经历失败。正如马云所说：今天很残酷，明天更残酷，后天很美好，但是绝大多数人死在明天晚上，没有看到后天的太阳。

在合作过程中发挥每个合伙人的诸多优势，通过优势互补让人人都树立信心是合伙制成功的关键。事实上，大部分合伙人创业失败最重要的原因，也是没有信心，或稍有挫折就变得士气低落。当你深陷“懊恼后悔的低谷”时，就丧失了站起来继续坚持的决心和勇气，创业也就难以为继。

所以创业成功的关键和前提是必须要有勇气，勇气会激发出创业者的热情和毅力，只有有勇气的创业者才能在创业的过程中携手共赢。

6. 具有一定的资金基础

人与人之间长期共事，既要有软的交情，也要有硬的利益。合伙创业本就是一种长期的利益关系，因此合伙是一种“共创、共担、共享”的事情，这也要求合伙人必须要有一定的资金基础，能拿出真金白银投到企业的建设来。

在如今这个商业高度发达的社会，企业想要发展，想要尽快融入到强企之林，资金是最重要的一环，是必不可少的。

3.2 合伙人的选择途径

做任何企业人才资源都是最难求的，更何况是合伙人这样的高端人才，这注定创始人在寻找合伙人时必须广开源、多渠道地进行。

1. 网上公开招聘

互联网时代，网络招聘在企业人力资源管理工作中运用越来越多。利用网络公开招聘有很多优势，如成本低、覆盖面广、时效性强、针对性强等，是企业实行互联网化管理主要内容。

（1）降低成本。

随着我国用人成本的增加，企业如何在人力资源招聘中节省成本，招聘到实际需要的人员，一直是困扰企业人力资源管理的难题。而大力发展网络招聘很大程度上可以解决这个问题，对于降低企业用人成本、促进企业人才机制的完善具有重大意义。

（2）覆盖面广。

互联网的覆盖面是以往任何媒介都无法比拟的，它的触角可以轻易地延伸到任何领域的每一个角落。很多企业通过网络招聘，依托互联网取得了传统招聘方式无法获得的效果。2000 年，IBM 通过网络只在全国 7 个城市14所学校进行招聘，却先后收到了来自包括英、美、澳等多地留学生在内的1300多份简历，招聘活动范围远远超过了预期，这是IBM自己都始料未及的。

（3）时效性强。

网络上公开招聘与传统招聘方式不同，企业和求职者双方通过交互式的网上登录和查询完成信息的交流，不强求时间上的绝对一致，方便了双方的时间选择。而且，互联网也不受地域的限制，不仅可以快捷地传递信息，还可以瞬间更新信息。

（4）针对性强。

网络上公开招聘可实现双方的充分互动，对供、求双方都是主动行为。无论是用人单位，还是合伙人都能根据自己的需求进行前期了解。这种前提大大减少了后期很多的盲目行为。目前，一些大型人才招聘网站都提供了相对个性化的服务，如快捷搜索方式、条件搜索引擎等，进一步加强了网络招聘的针对性。

2. 借助猎头公司

为什么要借助猎头公司，我们来看一段传闻。北京猎头界曾盛传，Google为“挖”李开复，仅仅只是给猎头公司的中介费就高达1亿多美元，创下了一个纪录。这足以反映出一个问题：企业中那些有影响力的人事变动，猎头公司在其中的作用是不可忽略的，而这充分体现了猎头行业对招聘的影响力。

借助猎头公司，是招聘高级人才常用的一种方法。这是因为中高级人才属于求职者中的稀缺品种，很少有跳槽者。即使有，也不会轻易在人才市场露面，大部分会依靠猎头公司。因此，HR（人力资源）经理在寻求高端、精英人才时最好还是借助猎头公司，一是这些猎头公司对行业有比较深入的了解，二是从人才的素质到成本都能得到保证。

3. 内部挖掘和培养

寻找合伙人除了外部高薪聘请外，还可以内部培养。从人才的成长性和忠诚度来看，内部挖掘、培养比外部招聘更可靠，也是企业人才良性运转的重要保证。因此，很多企业都会从内部寻找合伙人。

从内部寻找合伙人，就意味着需要从企业组织形式的顶层设计、权利和利益的分配原则上做出实质性的改变，与合作方从最初的隶属关系向平等共赢的关系转变。

那么如何实现这一转变呢？最核心的做法就是改变企业的股权机制。普通意义上的下属通常没有股权，或者持有少量的内部股，而合伙人必须持有一定量的股权，这既是法定权利，更是合伙制企业重要的激励措施。

合伙制企业要充分激发员工的积极性和潜力，让他们发挥主人翁的精神，共同参与企业的建设。优惠的股票购置计划也是必不可少的。要制订符合企业实际的股票购置计划，鼓励员工购买，这样企业的利益和员工的利益就能牢牢地捆绑在一起，员工的积极性自然就会上涨。

一般来讲，企业大约有三个层级，伴随企业的发展而不断增加。

第一层级往往是企业早期的创始人。这批人最早加入企业，承担了很大的风险，所以理应持有企业更多的股份。

第二层级一般是早期员工，也可以说是元老级的员工。这类员工在企业的初创期就加入了企业，为企业的发展壮大付出了努力和汗水，因此也应该持有相应的股份。

第三层级是后期员工。他们加入企业的时候，企业可能已经发展得非常稳定了。

对于很多企业来说，增加一个层级大约都需要一年的时间。当发展到一定规模时，企业可能已经有六个层级：创始人层级和五个员工层级。层级越靠后，员工数量越多，同时他们承担的风险也越小。

3.3 主动出击，吸引人才

一个合伙制企业要想成功，选对合伙人是关键，那怎么样才能寻找到满意的合伙人呢？企业在寻找最初的合伙人的时候又应该注意些什么？要主动出击，这是因为高端人才是稀缺品，目前供需不匹配，也正因为此，这类人才的薪水一路水涨船高。不少互联网金融公司由于求贤若渴，愿意给出高薪以及各种福利待遇来招揽优秀人才。某公司的创始人开出千万元年薪为旗下网贷平台招聘CEO，在行业引来一片哗然，虽然公司最后回应称“并非底薪，而是加上股权”，但动辄千万元的年薪依旧令人咋舌。

近几年，不断传出有不少合伙公司开出几十万、上百万元来招聘的传闻。因此，要想占领人才高地必须主动出击。雷军、乔布斯等优秀的企业家，在人才招聘和引进上都非常主动，再忙也要亲自参与，且非常舍得花时间和精力。

案例

小米的成功跟雷军寻找人才的用心和技巧是分不开的。在小米成立前期，雷军花了大量的精力去寻找合适的合伙人。回忆起当初招募合伙人的岁月，雷军颇有感触地表示：自己前半年花了至少80%时间来招人，总共找到7个合伙人，基本上都是技术骨干，年龄基本在40岁左右，阅历和经验都非常丰富，有干劲，有头脑，充满创业的激情。那么雷军是怎样找到这些人的呢？他有什么与众不同的绝招呢？

企业招聘前 100 名员工的时候，雷军都亲自面试，通过沟通了解应聘对象的价值观、工作经验、对企业产品的了解和认可度，以及关于未来的设想，全方位地考量应聘者的综合素质。

据说雷军曾面试过一位硬件工程师，这位硬件工程师的资历深，能力出色，但是最大的缺憾就是他没有创业的决心，对小米的前景不是很看好。但是雷军并没有放弃，而是和企业其他人轮番上阵，从各个角度宣讲，终于说服这位工程师加入小米的团队。整个招聘过程持续了 12 个小时。因为雷军和企业其他员工的共同努力，终于收获了一员猛将。

小米之所以能有今天的成就，跟雷军惜才爱才，主动寻找挖掘是分不开的。

所以，合伙制企业要想成功，必须舍得花力气去寻找合适的合伙人。乔布斯把大约四分之一的工作时间用于招募人才，一生参与过五千多人的招聘工作，筛选出了顶尖的设计师、工程师和管理人员，成立 A 级小组。这个小组是乔布斯最核心的团队，为苹果公司的兴旺发达贡献了极大的力量。所以在寻找合伙人的时候，一定要不惜成本，不管是时间、精力还是金钱方面。

在这个过程中，一定要先想清楚自己能给合伙人多少利益，然后开出让对方满意的条件，果断一点、大气一点。不要吝啬，不要舍不得，一旦寻找到优秀的合伙人，他们带给你的将是十倍甚至百倍的利益回报。

主动出击还表现在多参加社交上。一个人的人脉就是巨大的人才宝库，所以寻找合伙人不能天天坐在办公室里，而是要走出去，增加交际圈子，扩大自己的人脉。其实创业者寻找到适合自己及项目的合伙人不是一朝一夕的事情，关键就是找到志同道合的人。而自己的交际圈子就是人才基础库，是寻找适合自己及项目合伙人的选择场所之一，尤其是经常见面聊天、距离很近的人。

俗话说，相请不如偶遇，有时候机会可能就在不经意之间出现，因此要珍惜每次机会，利用每次聚会和休闲活动的机会，通过喝咖啡、茶会、看电影、打球之类的活动来扩大自己的交际圈，在熟人的推荐下找到合适的人才。

某创始人一心想寻找一位市场开拓合伙人，但总是找不到合适的。有一次他和朋友在咖啡馆聊天，听到隔壁也在聊。他们在交流一些很实用的销售技巧，同时也在讨论一些管理方法的利弊。为了进一步了解他们的实力，这位创业者果断出击，主动去和隔壁两位搭讪，同时表明自己招揽人才的用意。结果，大家交流很愉快，对于开拓市场、产品推广的看法也大体一致。最后，这两位同意加入他的企业，这位创业者无意之中得到了遍寻不获的销售人才。

3.4 充分放权，给合伙人说话的机会

在传统企业中，员工只是员工，是纯粹给企业打工的。企业老板做决策时通常不会征求员工的意见，因此权利集中在企业高层手中。而合伙制企业，这一情况发生了变化，员工不再是单纯的员工，很可能会成为企业的合伙人。这时企业就应该制定一套政策，让合伙人有发表自己意愿的权利，从而使企业得以更好地发展。既然要合伙创业，那么首先要相信你的合伙人，然后在分工方面要细致，积极放权给合伙人，让合伙人放开手脚，这样才能将企业做大。

案例

2016年3月，韩都衣舍与九牧王合资的商务休闲男装品牌ROR正式在天猫开店，这也是韩都衣舍旗下的第29个子品牌。从2011年开始，只花了5年时间，韩都衣舍的子品牌就从1个发展到了29个，风格涵盖了欧美风、东方风等，每年推出3万款服装，发展势头直逼ZARA等国际大品牌。

韩都衣舍是一个合伙制企业，由六个人联合创立，而这六个人却没有一个是学习服装专业的。刘军光和张虹霞原来是律师，赵迎光和杜廷国学的是韩语，吴振涛学的是计算机，胡近东则是学的新闻。韩都衣舍创业之

初不仅缺钱，更缺服装方面的经验。从这六个人的身份来看，想要创立并且做大一个服装品牌，无异于痴人说梦。但他们却成功了，这源于他们这个合伙人小组分工明确。开始大家一致同意从韩国服装代购入手，接下来的目标就是招纳比自己更懂的年轻的新合伙人。

于是，韩都衣舍从山东工艺美院等高校招纳了 40 名学生，这些学生一半是学服装设计的，一半是学韩语的，这些新合伙人的加入让韩都衣舍开始成型。

这些年轻人从 3000 多个韩国品牌中筛选出 1000 多个，然后每人负责 25 个，每天从中选择 8 款服装放在淘宝网上销售，卖出去后再到韩国的相关网站下单。这些年轻人有的负责选购商品、担当买手，有些负责翻译商品介绍、处理图片，其他问题则交给后勤处理。在当时的服装市场中，这种做法充满了新鲜感，这就是韩都衣舍的最初雏形。

韩都衣舍就这样慢慢做大了。现在回想起来，韩都衣舍最初能够将产品的选择权交给初出茅庐的年轻合伙人，让他们充满成就感，在这种敢于放权和分工明确的企业氛围下，韩都衣舍逐渐成为当时淘宝中现象级店铺。

很显然，在服装品牌的创业过程中，你可以不懂服装，但是一定要相信自己的合伙人，敢于并积极放权给合伙人，这样你的服装品牌才能做大做强。

因此，合伙制企业需要一个宽松的权力机制，合伙人各司其职，并且相互监督。这样一来，合伙人就能真心地为企业的利益着想，用心去工作。

还应该注意一点，合伙人虽然是企业的老板之一，但绝不应该是置身于制度之外的监督者。在监督彼此、监督员工的基础上，合伙人还应该做到严于律己，身体力行地为企业着想，为员工做表率。当员工看到企业的合伙人都如此严于律己之后，他们自然也会提高工作的积极性。

这对员工来说也是一种无形的督促，可以有效地提高管理者和合伙人的影响力。

3.5 恰到好处地激励合伙人

某企业一名清洁工，本来是一个最被人忽视的角色，却在一天晚上企业保险箱被窃时，与小偷进行了殊死搏斗。事后，有人问他的动机时，他说："总经理从我身旁经过时，总会赞美我扫得真干净。"关于这件事情，大多人的注意力可能都放在了清洁工身上，赞其品德如何高尚，行为如何感人，但作为一个管理者，我们更应该将注意力放在这位总经理身上，正是总经理的行为，才使清洁工关键时刻能迸发出内心的责任感，维护企业利益。

这个故事体现出激励的重要性，管理是被动的，激励是主动的，只有有效地激励才能管好一个团队，一个企业。在管理学中，赞美是一门管理艺术，一种精神激励法，真诚的赞美能激励他人无限的潜能。

对下属的管理尚且需要激励，更何况是合伙人。无论是工作还是相处，合伙人更需要激励。

招人难，留人更难。做好激励工作就是为了更好地留人，留住一个人才比招聘到十个人更有意义。否则，招聘到的人越多，不但不会带来高利润，反而会造成资源的巨大浪费。

因此，对于合伙制企业来讲，首要任务就是防止合伙人的流失。那么，怎么才能激励他们，并让他们心甘情愿留下呢？常用的激励方法有以下几个，如图 3－1 所示。

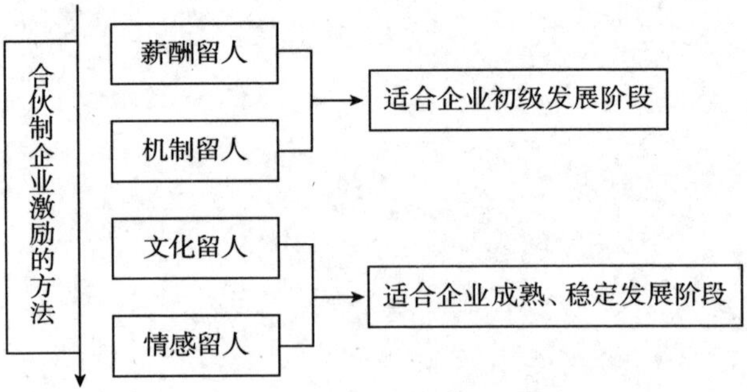

图 3－1　留人的多种方式

1. 薪酬激励留人

获得高薪酬是员工工作的首要目标，大部分员工对薪酬是最敏感的，只有得到高额的报酬，才有更高的工作动力，才能对企业更加忠诚。因此，利用高薪酬来留住人才也是一种非常实用的方法。这就需要 HR 经理制定科学、合理的薪酬方案，将行业薪酬标准、企业薪酬标准与员工的心理期望充分结合起来，必要时还可以采取一些特殊的形式来增加员工的收入，比如，交通补助、餐饮补助、通信补助等。也就是说，一定要让员工感到自己的付出与收入足够地平衡。

2. 机制激励留人

高薪酬和高福利纵然能吸引人才，但某些员工更注重发展的机会和施展的平台，尤其是企业高管，或者在薪酬上已经达到期望值的员工，他们最大的希望是如何展现自己的才华，如何实现自己的价值。对于这部分员工最主要的是把他们内心的情绪充分调动起来，不仅仅要做好物质层面上的，更重要的是精神层面上的，比如，提升为主要部门的管理人员、领导企业核心团队、负责企业的重大项目，等等。

3. 文化激励留人

企业文化反映着一个企业的经营理念、社会责任感和价值观。真正吸引人才的，是对这个企业文化的认同。纵观世界上著名的企业无不注重企业文化的建设，无论企业发生了什么样的变化，他们的企业文化是基本不变的，或者说，企业文化的核心价值是不变的。最根本的原因就是文化为员工提供了共同的行为准则和价值观。

企业的成功缘于员工对组织价值的确认、信奉和实践，搞好企业文化建设的目的就是营造一种吸纳、激励、留住优秀人才的良好氛围。

4. 情感激励留人

情感激励在这几种方式中是最有争议的，也认为是最不稳定的。其实，这是一种误解和偏见，情感留人是对薪酬留人、机制留人最有益的补充。试想一下，只讲高待遇、事业、前途，不考虑感情投入，如果另一个地方有更高的待遇、有更好的发展平台，对方照样会走人。如果对企业、对领导有感情，即使别的地方再好，薪酬价码再高，从情感接受程度，心情的舒畅上考虑，往往也是想走而舍不得走的。

因此，跟“事业留人”“待遇留人”相比，“情感留人”方法看似难做，其实还是比较容易的，关键是看你待人是否真诚，是否体察下情，真诚地为员工做实事。

当前企业与劳动者之间的雇佣关系正在向合作、合伙这个方向转变，人们也正在从过去的被动转化为主动。在这种大背景之下，企业激励人才，让人才留下来，不能寄希望于以单一的手段留住他们，最好方法就是利用薪酬、制度、文化、情感等多种方式，从各个层面入手。

3.6 建立回聘制度，为离去的人大门常开

在欧、美等发达国家，60%的企业都有一个特殊的用人制度——回聘制度，即为主动辞职，或者被辞退的员工提供再次回到原单位工作的机会。摩托罗拉就是一个非常有代表性的例子。

案例

摩托罗拉公司有着一套非常完备的“回聘”制度，专门针对那些主动提出辞职的前任雇员。据该公司一位资深的HR经理介绍，建立“回聘”制度的目的是给那些离职员工提供重新返回公司的机会。对于符合一定条件的，还有相应的鼓励，比如，在福利待遇上仍可沿用辞职前的标准。

对此，摩托罗拉是有明确要求的，即在辞退6个月内被重新聘用的，享受的所有待遇均与辞职前一样，而且可继续累计；超过6个月的，将按照以前的服务年限给予一定的奖励。

摩托罗拉为了鼓励“人才”回归，制定了独特的“回聘”制度，这也是重视人才的主要表现。回聘制度，是鼓励已离职员工返回原来企业，或原岗位继续任职的一种制度。自20世纪90年代以来，由于人才竞争进一步加剧，国外的一些企业首先开始关注前雇员，尤其是咨询行业，不少咨询企业发现前雇员能为他们带来更多的信息、资源和利益，于是实施了一

系列的政策鼓励回来。

然而，这种回聘情况在国内却很少见。关于是否应该建立回聘制度，是否应该让离职的人才再次回来有很大的分歧。据一项调查结果显示，仅有不足3%的企业赞成这样做。大多数企业认为，离职是一件坏事，影响了企业的信誉，破坏了企业的团结，有的甚至认为是对企业的背叛。对于这样的人，怎么能鼓励回来呢？这不是鼓励所有的人可以随便进出吗？

换个角度想，回聘制度并不是一无是处，可以确定的一个事实是，可实现人才的循环使用，激发被辞人员更大的潜力，让其更加忠诚于企业，忠诚于工作。作为HR经理，应该从企业的整体利益出发，最大限度地降低用人成本，即使有的人暂时离开了公司，也应该为这些人提供一个返回的机会。

那么，HR经理该如何利用这种制度呢？这就需要做好以下几个要点。

1. 确定回聘对象

回聘的对象，要符合企业核心岗位的要求，同时，在职期间表现良好，能力出众。为了更好地把控回聘人员的质量，每当有员工离职，HR经理就应建立一套离职者档案。档案内容应包括离职去向、离职原因、联系方式等内容，并保持与离职者的日常沟通和联系，随时向其传递公司有关的公开资料、发展动态、企业文化等信息，鼓励他们重返岗位。

2. 严格设定回聘条件

回聘不是再次招聘，因此，需要进一步限制回聘人员的条件。有些企业规定，回聘员工必须是曾在本单位工作一年以上、离职六个月之内的员工。有些企业会将绩效考核结果作为一个重要的条件。

无论设定什么条件，重在合理，不能超越回聘员工的客观实际情况，所以HR经理在设定回聘条件时要结合回聘员工的实际情况去考虑。

3. 确定回聘后岗位及工作内容

大多数情况下，回聘后的岗位未必是离职前的原岗位，通常是根据企业实际需求与员工意愿重新划分。一般会先设立一个回聘的基本标准，如新的职位等级不低于在职期间的等级。

4. 确定回聘后的薪酬、福利

这是吸引员工回聘的重要部分，明确规定回聘后员工的薪酬福利水平。可采用业绩对接、工龄对接等方式。如此一来，员工既得到不低于离职前的薪酬福利，还能延续相关工龄，达到企业与员工双赢的结果。

小贴士：

员工能力大小不一、素质高低良莠不齐，盲目回聘很有可能将不适合企业新员工的再次纳入。这样不仅无法达到预期效果，反而容易引起在职员工的不满。因此，在回聘时需要认真审核回聘对象，只有优秀的人才适合重回岗位。

第4章

经营模式：全体经营，人人担责

在雇佣制企业中，员工就是一名普通的打工者；而在合伙制企业中，员工则是合伙人。打工者与合伙人，不仅仅是劳动关系上的差异，更多的是职业观、对待工作的态度及心态上的差异。合伙制的目的在于消除打工心态，让人人都成为经营者。

4.1 无管理人员：不分上下属，全体经营

合伙制，是一种区别于传统雇佣制的企业管理制度。这种制度提倡全员参与经营，实行去中心化的管理，其最大的优势就是打破了企业部门与部门，员工与员工之间的合作障碍，拓宽了企业员工思考问题、解决问题的思维，大大提升了企业的工作效率，同时也提升了企业的团队竞争力。

传统企业的管理方式是自上而下的，层层授权，或集中式指派，有着明显的层级，组织结构呈金字塔形；而在合伙制中，每个人都是一个中心，只有分工不同，没有层级高低，大大调动了个体的积极性和创造力。

现在有很多新型互联网企业则完全采用了合伙制，实现了管理模式上的颠覆。尽管看起来很乱，但所取得的成绩有目共睹。

案例

小米的迅速崛起在业界创造了一个难以超越的神话，取得如此大的成就有很多主观和客观的因素。但其中不可否认的就是小米的管理模式。小米在团队管理上有很多“毁三观”的做法，雷军在组织形式革新、管理文化创新等方面也做了不少令同行“大跌眼镜”的事。

例如，团队没有核心管理层。小米的管理层很少，七八个合伙人下面分别有个主管，管理着七八个小组，然后就是普通员工。不管你在别的企

业做总监还是经理，在小米都是工程师，级别都一样。

小米的管理层很少聚在一起开会，有事情在米聊群里就能直接解决，有的主管要申请报销费用，只需在米聊截个图报上去就可以了。

小米对员工的考核没有 KPI，表现好就加薪，但不会有晋升，因为本身就没有太多的职位高低。这在传统企业看来是很不可思议的，即使在互联网企业也没有哪家是不做绩效评估的。

小米的组织完全是扁平化的，七个合伙人各管各的，形成一个自主经济体。小米的组织架构基本上就是三级，核心创始人——部门领导——员工，一竿子插到底地执行。它不会让团队过大，团队一旦达到一定规模就一定要拆分，变成项目制。

因为组织扁平化，在管理上就能做到极简化。从这一点来讲，小米内部完全是激活的，一切围绕市场、围绕客户价值，承担各自的任务和责任。在小米，除了七个创始人有职位，其他人都没有明确的职位。在这种扁平化的组织架构下，谁也不需要考虑怎么能升职的问题，一心扑在工作上就可以了。

小米的工作效率如此之高，就是缘于采用了全体参与经营式的合伙制模式。整个团队没有管理层，没有过多的领导与被领导，完全呈去中心化，层级简单高效实用。小米的做法体现了现代新兴企业管理上的一个最大特点，分散式的管理。不过，这也对管理者的能力提出了更高的要求，意味着每个人要管的事情有很多。因此，合伙企业中没有明确的上下层关系，不存在谁隶属于谁，相互之间是平等的。

然而，没有管理的管理是最难的。这就要求合伙企业的管理者必须具备更综合的能力，尤其是服务能力，能为其他合伙人提供有好的平台，更优质的资源。帮助合伙人完成任务，达到预期的目标。因此，在合伙制企业中，不是说完全没有管理，没有管理人员，而是在管理上实现了转型，化有形为无形，化强制为柔性。那么，合伙制企业在管理上有哪些特点呢？管理人员又如何更好地管理团队呢？可从以下几个方面入手。

1. 帮助合伙人认清自己

合伙制企业中管理工作的重点不在管理上，更不在如何提高自身业绩上，而是在于帮助合伙人认清自己。每个人在工作中都会有迷茫、困惑的时候，管理人员要起到汽车后镜的作用，当车行驶在盘山道需要转弯处，为司机指明前方的路况。总之，新型的管理人员在自己的工作中主要充当“辅助者”的角色，重在帮助合伙人看清自己，看到自己的优点，从而发挥并挖掘自身的优势；同时也可能看到自己的盲点，辨清方向，以便走得更快，早日实现目标。

2. 激发合伙人工作潜力

鼓励合伙人做最真实的自己，有强烈的做事意愿和动力，自动自发地工作，使其由“领导让我做”转变为“我自己要做”。不是无条件地服从。心理学认为：任何人做任何事都是为了满足自己内心的深层需要，而愿景能调动潜意识中为自己带来好处的根本动因，从而引发行动。

因此，合伙制下的管理主要任务是帮助企业系统思考，改善企业、团队及个人心智模式，制定企业的愿景。这在很大程度上能诱发每一个合伙人藏在内心的潜力，使其积极上进、想要做得更好。

3. 造就更多的“领导者”

合伙人制中的管理人员还是引发者、带动者、鼓舞者，就如啦啦队队长，时刻需要鼓舞士气。善于采用各种方法将每个合作者的才能、积极性淋漓尽致地发挥出来。就如体育场上的教练能培养更多比自己优秀的冠军、优秀的运动员一样。体育教练能帮助运动员取得赛场的金牌，而教练型领导能激发企业员工在激烈竞争的商界中为自己也为企业取得一枚又一枚商业金牌。

高明的管理人员是借力高手、资源整合高手，成功的中心化管理要更善于引导，善于激发每个合伙人，充分调动他们的积极性，让他们自己领导自己，自己掌控自己，充分展现自我，将自我价值的实现与企业目标有机结合。

4.2 无林立的机构设置：扁平化，去中心化

管理层次太多，是一个企业组织不良最常见的病症，也就是最严重的病症。有了这样的症状，企业的工作效率往往会大大降低，用经验管理理论之父法约尔的话说就是“上级不能越级指挥，下级不能越级请示汇报”。

层级越多，信息往往越容易失真，传递效果越差，直接减弱执行力。企业组织结构最基本的一项原则就是，尽量减少管理层次，实行扁平化管理，砍掉无用的工作流程，减少层级，精简臃肿的部门机构，尽量形成一条最短的指挥链。这也是互联网时代简约的原则的要求，简约、速度、极致。

在企业的传统信息运转模式中，管理层、员工之间的关系是自上而下的管理与被管理、分配与被分配关系。企业的管理决策从上向下传达，但被动接受指令的下级会因为个人本身的理解能力，个人利益和主观动力等原因导致执行力度层层递减，最终导致经营效率的损失。同时，企业经营成果的分配完全由上级决定，并通过固定薪酬、绩效考核等一系列手段进行绩效评价和发放，在这样的形态下员工完全是属于被动的状态。

而合伙制模式，这些关系正好与之相反，彻底颠覆股东、管理层和基层之间的隶属关系，而是以结果为导向，只要有利于最终目的的达成，就可以跳过中间环节，直接作用于结果。

两者的区别如图4-1、图4-2所示。

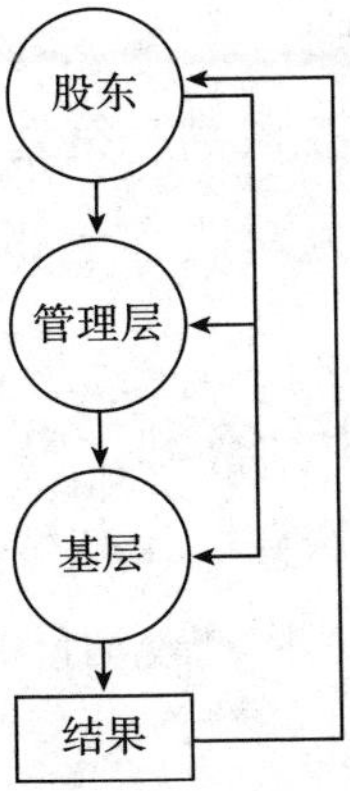

图4－1　传统企业信息运转模式

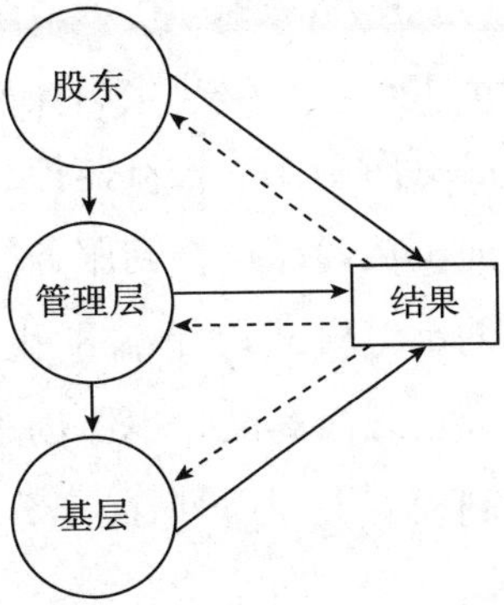

图4－2　合伙制企业信息运转模式

由于层级的减少，上下级之间单项命令式的管理所带来的消极作用被消除，管理成本也就下降了。在这种情况下，员工更愿意付出，因为这样的付出和自己的收益直接相关。减少层级就是扁平化管理模式的核心。

扁平化管理其实是相对于过去金字塔状的层级式管理而言。说起层级式管理我们都不陌生，从董事长到总经理到部门经理再到基层员工，指令从塔的顶点层层传达至基层，基层的信息层层筛选后到达决策者，如图4－3、图4－4所示。

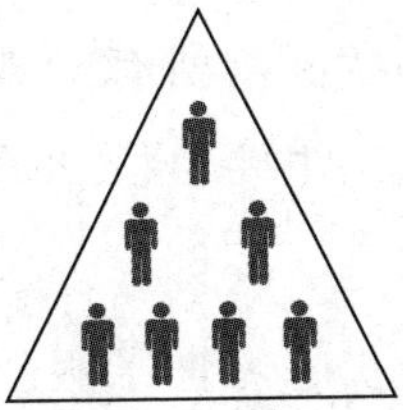

图4－3　金字塔式的组织结构

图4－4　扁平化式的组织结构

扁平化管理极大地保证了沟通的顺畅性以及成员的创造力。这种模式的核心只有一个，即管理要简单。要少管，少制造管理行为，把事情做到极致。值得注意的是，并不是要求彻底取消谁领导谁，也不是要消除CEO的角色，而是要改变组织内部所有员工关系的性质。那么，如何精简纵向的管理层次，削减繁琐的中层，实行扁平化管理呢？

举个例子：一个战斗小组，从买手选品、商务谈判、策划创意和文案撰写、商品页面制作、物流监控、全程客服、财务对账，全部由该小组来完成，打通了从商品选择到服务的全流程。

这样的小组模式就是扁平化管理的产物，十分有利于电商企业的发展。小组成员既懂商品，也懂创意和内容，还懂服务，工作效率高；由于小组的获利模式是从企业直接分红，因此，容易形成较活跃的内部成长机制。

扁平化的管理具有以下几个特点：

（1）除了创始人之外，没有层级；

（2）除了财务部之外，没有部门；

（3）除了技术部门之外，没有年终奖；

（4）管理者的责任就是要认真分析梳理业务流程，调整和整合业务内容。

根据以上理论和特征可以看得出，实行扁平化管理的团队，除了技术、财务等核心部门之外，全部是战斗小组。电商团队实行扁平化管理还是具有很多优势的，主要表现在：

（1）可以对现实情况自由地做出反应，而不是等待指示。有许多渠道和途径可以提供信息，提出问题，并调整当前的状况。所有的观点都将被听到、整合和解释，基于如此丰富的知识和信息，主要目标和关键要素变得更加清晰。

（2）提高了工作效率。传统结构下的若干成员，习惯了服从，习惯了领导下指令，然而在遇到危机时，可能会因为固有的地位界限而等待上级指令，迟迟不能采取行动。而平行管理体系内的组织则允许团队成员在服从和领导的同时，立即对特定场合的需要做出反应。实现工作关系的平等，创造一个重视信息自由输入、输出的宽松环境。

（3）管理更人性化。通过这种平等而且点对点的方式，没有人需要被别人“授权”或者“施恩”，再也不会有人呼吁平等，因为每个人已经可以真切地感受到平等的意义。

没有了层级结构，节点就处于等能和平等的关系中，对等节点之间的相互作用或交换就构成了一种“关联动力”。没有高层领导宣布什么事至关重要，什么事无关紧要。这样一来，问题的关键点就变成了“应该做什么”，而不是“谁是负责人”。

在传统的组织中，“头衔”和“位置”这样的障碍控制着信息流向。有特定工作或头衔的人并不会经常与有更高或者更低级别的人沟通。

利用合伙人的管理思维将组织扁平化、去中心化，开放式协作，才是现代企业管理创新方向。打破金字塔形的组织结构，建立横宽纵短的扁平化柔性管理体系，使企业适应信息社会的高效率和快节奏，实现企业内部的有效沟通，以使企业组织具有较强的应变能力和较大的灵活性。

4.3 无繁杂的各种流程：精简化，效率至上

在传统的企业管理中，非常讲究流程，“标准化，制度化”已经深入每个工作环节。在一些生产型企业中流程化管理更为严格，任何一个细节都有着标准化操作流程。从价值链出发，逐层分解，建立企业的流程体系来规范生产、管理，是比较不错的选择。

然而，在新型的合伙制企业中，严格的、标准的流程反而限制了企业的发展。一是流程的滥用。当启用一个工作流程的时候，必须要小心谨慎，防止流程中时间和资源的浪费，更要防止在日常工作中因为懒惰或者过于呆板而渐渐形成的非主流工作流程。二是在合伙制企业中，部门、员工是相对独立的，尽管所有的工作是服务于特定价值目标的，但彼此并没有必然的紧密联系，也没有严格的先后顺序。

这与流程管理所提倡的，必须依据活动与其所服务的经营目标之间的关系，对企业组织内部的做事方式进行统一设计和安排相悖。现在在比较活跃的电商企业、互联网企业中，各个环节之间看似毫无联系，但效率十分高。正是这样一种看似松散，实则是去伪存真，剪掉枝叶，保留骨干的做法，现代新兴企业才得以发展起来。

案例

刘强东，一手打造了京东商城，他的管理模式核心只有一个：做产品的供应，只要这个供应链畅通无阻，团队就可以正常运转。那么，京东商城是什么样的运转流程呢？

具体为前台接到订单后，系统会根据用户所在位置估算出最短的送货路径，保证在最短的时间内商品到达到客户手中。并且自动匹配到相应的仓库，下单取货，这一过程不会有多余的其他流程。目前，京东在国内的12个城市可以做到上午11点前下单，当天货到客户手中。

同时，京东凭借着自建的物流体系，在电子商务配送方面非常有优势。根据数据统计，京东的3C产品平均库存周转率仅为12.6天，这一数据在国美、苏宁为60天，其他传统百货就更惨不忍睹了。

"只做供应链""缩短供应链"，是京东独占鳌头的法宝，也是传统行业转型电商最需要借鉴的地方。精简流程在合伙制企业中非常有必要，对整个运营起着重要支撑作用，这是企业自身的发展需求，也是市场的需求。

那么，合伙制企业管理者该如何实现流程的精简呢？需要做好以下几个方面的工作：

（1）高度协调不同部门、不同个体之间的关系，这些关系包括生产制造商（紧密型、松散型），电子商务零售分销和直销渠道，仓储服务商，第三方物流服务商。

（2）优化供应链，保持端到端的动态平衡。任何企业都处在一个完整的链条中，以生产型企业为例，一般要经历采购、计划、生产、物流、仓储、销售，最终到消费者手中这几个环节。那么端到端则是指从采购环节到消费者最终拥有产品的整个过程，整个过程所有的环节都要保持足够流畅，高效协同与可视化。同时，要针对市场变化，做出快速反应，保持供需之间的平衡。

（3）明确内部治理对风险管控提出的需求。对于合伙制企业而言，风险管控主要表现在两个方面，即资金和人才。资金所属财务部门，人才所属人力资源管理部门，因此做好这两个部门的工作就能在很大程度上解决问题。

企业管理中流程不可缺少，但是绝不可滥用、乱用、盲目用，必须从实际出发，视情况而定，在以目标实现为前提下仔细分析流程的流转途径和成本、收益。总之，流程应尽可能简化，在遵守法律、符合道德准则以及不损害组织、个人利益的前提下，流程应该力求最简单。即使达不到最简单，也应力求更简单。流程的产生本就是简单化，若流程使得人人忙于流程完整而忽略工作本身，那这样的流程宁可不要。

4.4 边界制胜：打破职权边界，无边界运营

2010 年，纽约大学前校长约翰 · 塞克斯通宣布，纽约大学作为美国最大的独立研究型大学，将创建一种新的组织架构——网络大学，可允许处在全世界不同地方的教师、学生交流，实现跨地界、跨语言的虚拟授课。无论是在纽约大学网站上，还是其他平台上都可以实现。

这就是我们所说的管理“无边界”。无边界理论认为，企业就像生物有机体一样，本身是存在各种隔膜，这些隔膜有自身的结构，但并不妨碍食物、水、空气，或其他营养物质畅通无阻的流动。在“互联网 +”日益发达的今天，企业同样可以打破自身的隔膜结构，向着“无边界”发展。

案例

以提供自动化整线包装业务为主的某家企业，1992 年成立，开始仅为机械设备进行包装，至今建成多条整线项目，包括药品、保健品、乳品、食品、洗涤用品等行业。该企业已经基本实现了“无边界”管理。如向客户发货，客户验收还不算工作的结束，而是只有当客户利益保障部对各项指标予以认可后，才算真正履行完毕——否则评估部门会代替客户投诉。

再如，让技术人员当客户专员。技术人员一般没有机会接触客户，但

他们恰恰又是最需要了解客户需求的人。现场生产是什么样子的?他们多长时间换一次产品?清理周期如何?清理需要用到什么工具、什么方法?如果不做专员,技术人员根本无从了解这些信息,产品的设计也就只能闭门造车。

该企业通过部门与部门、员工与员工之间的角色转换,打破了传统企业中各司其职的管理模式,从而充分挖掘了各部门、各岗位员工更大潜力,将企业上下都纳入到一个完整的大体系中,构建起"全员参与"的管理框架。

"无边界"是企业由传统模式向电商模式转型的关键步骤。这一行为,最早是由通用电气总裁杰克·韦尔奇提出的。他在担任通用电器CEO期间,十分反对旧有的管理模式,提倡员工之间、部门之间、地域之间打破壁垒,相互学习,汲取思想。他经常说:"你从越多的人中获取智慧,那么得到的智慧就越多,水准就被提升得越高。"这种"无边界"理念,帮助通用电器的管理逐步步入正轨,使企业不断发展状大。

得益于这一启发,后来很多企业也开始打破各部门、上下级之间的"隔膜",实现信息、资源、构想及能量的互通,但真正达到畅通无阻的地步还很少。企业各部分的职能和界定仍旧存在,仍旧有权高职重的领导,有特殊职能技术的员工,有承上启下的中层管理者。对于传统企业模式这也许是个进步,但对电商企业,这还远远不够。

那么,要想更进一步该如何做呢?根据以上理论,企业必须在此基础上,对边界结构进行重新界定,结合现有的资源进行必要革新和改良。企业的边界结构可分为垂直和水平两种。

1. 垂直边界

垂直边界存在于企业组织结构内部,这种分级往往等级制度森严,层层设置,如图4-5所示。各层级都界定了不同的地位、权威及权力的上下限。其中的各个职位都有明确定义,位高则权重,位低则权轻。

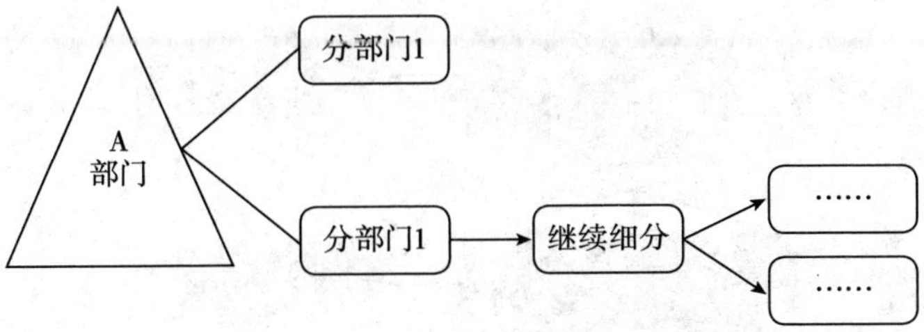

图4－5　企业中的垂直边界模式

2. 水平边界

旧的水平边界存在于企业不同职能部门、不同产品系列或经营小组之间。由于各职能部门只是按照各自的目标、进度表行事，表现出来的状态是各自为战，如图4－6所示。这样的状态或导致部门发生矛盾和冲突，各部门都不顾企业利益而片面夸大自己的目标，从自身专业或部门的立场来评价企业的政策。

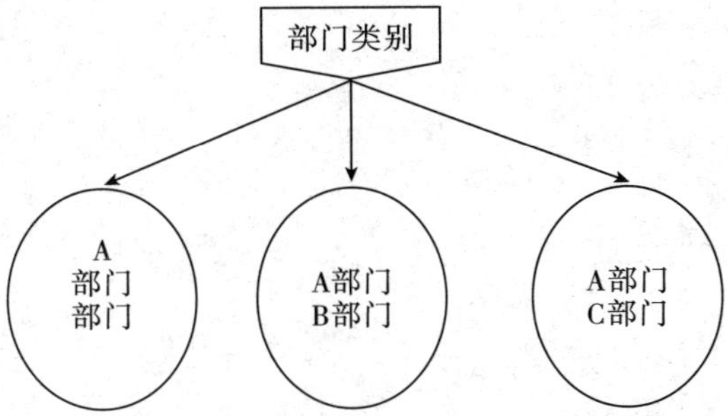

图4－6　企业中的水平边界模式

无边界组织形态是在这两种形态的基础上，突破明显的界限之分，趋于一体化，如图4－7所示。新的垂直边界撇开所拥有的权威与地位，职位让位于能力，以谁提出的建议更有价值为标准，只要有利于企业发展的建议都会受到重视和采纳。显然，新的水平边界，突破部门、个人之间的壁垒，提高了企业各级部门间的可渗透性，使企业能聚集所有员工的智慧，实现决策更优化。

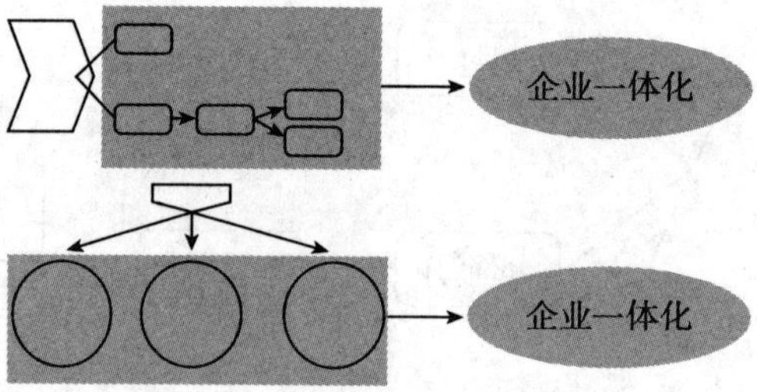

图 4－7　企业无边界一体化模式

值得注意的是，无边界管理理论不是要求消除边界，而是突破部门、员工之间工作流程、结构的极限，使信息、资源顺畅流动和快速交接，从而实现被分割的职能重新融为一体。这样一来，企业作为一个整体将会更加强大，远远超过部门林立、员工各自为战的功能之和。

综上所述，无边界是以有边界为基础的，并非是对所有边界的否定，其目标在于让各种边界更易于渗透扩散，更利于各项工作在组织中顺利开展和完成。

4.5 资金管理，出资多少必须事先讲清楚

合伙制企业中的合伙人参与经营，分享企业的所得，就意味着人人都需要出资。那么，这时就涉及出资多少的问题，每个合伙人应该出资多少？出资应遵循什么原则？否则就会影响到后面的利益分配和连带责任，对此，我们通过一个合伙创业的失败案例来具体说明。

A 与 B 订立合伙协议或者是公司成立协议，其中由 A 方（处在国外）出资，B 方以其他方式出资，C 是 A 的弟弟（处在国内），可称之为第三人。协议签订后，公司设立失败，因此 A 要求 B 返还其出资，B 无力偿还，辩称已经将钱款交付给其在国内的弟弟 C，转而起诉 C。而 A 认为其并未委托 C 代自己接受钱款，故认为 B 的起诉无效，应承担相关责任。

最终三人对簿公堂，A 向法院起诉，要求 B 返还资金，并要求 C 承担连带责任。

鉴于这个案件的复杂性，经过多次审判，法院最终判决 B 退换 A 一部分出资，但 C 不承担连带责任。尽管 A 很不服气，但无法改变结果。因为按照相关条款规定。A 起诉 B 要求偿还债务，然而 B 又起诉 C 要求返还钱款（不当得利），那么两个案子能否合并处理。假设法院对两个案件都有管辖权的情况下，由于合同相对性限制，A 没有起诉 C 的法律依据，所以此案不具备合并审理的条件。

从这个例子中可以看出，合伙出资必须事先明确约定，避免影响到后期其他环节的执行，尤其是当有合伙人退出时，利益分配和连带责任将会遇到一系列的问题。从案例中我们总结得出，合作创业出资时要注意以下几点。

1. 预设一个出资总额，尽量凑齐这个数

不论是从零开始合伙创业，还是在原有雇佣制基础上借助某个产品研发进行合伙投资，都涉及出资总额的问题。也就是说，在开公司的时候，先要大概估算一下：把公司开起来需要多少资金？二十万元也好，两百万元也罢，你得有个预设的数额。然后据此寻找合伙人，找几个合伙人，每人大概能出资多少，这些都是需要思考的问题。如果出资总额超过预设数额，那当然是最好的，不然也要尽量凑够预设数额，因为那是创业的保证金。

2. 每个人出资多少需要大家商量，遵从自愿原则

有了预设的出资总额，是不是就要根据合伙人的多少，按照均配的原则，要求每个人都出资一样呢？当然不是，这要考虑合伙人的经济实力和个人意愿。每个人出资多少需要商量决定，要遵从自愿的原则。如果某个合伙人有实力，并且对创业项目信心十足，他愿意多出资，这是完全可以的；如果某个合伙人经济实力有限，或对创业项目不是那么有信心，少出一些资也是可以理解的。

3. 可以用知识产权、土地使用权或其他财产权出资

在出资的时候，合伙人可以用现金出资，也可以用实物、知识产权、土地使用权或者其他财产权出资。如果不是用现金出资，那么合伙人出资的实物、产权、技术、劳务等应按其价值折算为若干股份。比如，开公司需要办公场地，有个合伙人正好有一套闲置的房子，就可以将这房子的使用权折算为出资金额，作为出资项目。再比如，某个技术型人才没有钱，但是他有过人的技术，就可以把他的技术估算一下，作为出资的项目。

4.6 建立人人可监督及自我监督的机制

按照《中华人民共和国合伙企业法》第二十六条第二款的规定，合伙人有执行监督的权利。具体内容为：依照前条规定委托一名或者数名合伙人执行合伙企业事务的，其他合伙人不再执行合伙企业事务。不参加执行事务的合伙人有权监督执行事务的合伙人，检查其执行合伙企业事务的情况。

合伙制企业在监督方面应该灵活应对，既要做好监督工作，确保企业事务处于可控范围，又要避免过于直接的“紧盯”，给合伙人一个可以喘息的空间。在合伙运营公司的过程中，合伙人彼此之间需要分工明确，各司其职。在这个基础上，合伙人之间还要相互监督，发现问题可以及时讨论、及时解决。这样做可以保证合伙人在工作、管理事务上尽职尽责，有助于企业保持稳定持续、健康发展。

合伙人之间可以制定一些相互监督的法则，每个人都可以提出对公司管理方面的建议，不仅是局限在自己的管辖范围之内，还可以覆盖其他合伙人的管辖范围。这样一来，就能很好地促进合伙人之间的相互监督。

在互相监督的基础上，合伙人之间要经常保持交流和沟通，这也是非常重要的一点。沟通和交流可以不断加深合伙人之间的信任感，让合伙人之间更加熟悉和默契，以便更好地协调公司内外的工作。另外，有效地沟通和交流可以及时化解合伙人之间的矛盾，不让其变深变大，以免影响到公司的整体发展。

虽然合伙人之间需要监督，但是这并不代表合伙人要不分时间、不分地点地紧紧盯着对方。如果实行这样的监督，就会在很大程度上影响合伙人的工作，毕竟谁也不想随时都处在别人的监控下。

合伙人虽然是企业的老板之一，但这并不代表他们自己就可以“为所欲为”。在监督其他合伙人、监督员工的同时，各个合伙人还应该自我监督，要严于律己、以身作则，这样才能赢得其他合伙人和员工的尊敬。

在工作中，合伙人要在完成本职工作的基础上不断反省，思考自己是不是做得不够好，或者有什么缺陷，以便及时改进。在生活中，合伙人也要严于律己，比如每天给自己制订一个健康合理的生活计划，让自己按照计划办事，有良好的精神状态处理合伙制公司的事务，也带给其他合伙人和员工积极和正面的影响。

4.7 退出原则：好合也要好散

很多合伙制企业由于在退出机制上没有合理的安排，导致产生了很多纠纷。合伙创业，一段时间之后有一个合伙人有个更好的机会，所以他提出退伙。但是，对于该合伙人持有的企业股权，或者其他财产该如何处理呢?

很多时候，几个合伙人意见会非常不统一。退伙的合伙人认为，自己从一开始就参与创业，既有功劳也有苦劳，而且企业合伙章程中也没规定退伙必须退股。因此，这个合伙人拒绝退股。留守的合伙人却认为，如果这个合伙人不交出股权，那么对他们就很不公平。由于企业还没有真正起步，可能需要五年或者更多时间企业才能赚钱，留守的合伙人还需要继续打拼，而离开的那个合伙人却可以“不劳而获”，这对他们来说就十分不公平。

合伙人和退伙者各持己见，僵持不下，在很大程度上也阻碍了企业的发展。那么，合伙人退伙时财产究竟应该怎么分呢?在财产分割上要分开处理，一是股权，二是其他财产，按照相关法律的规定，退伙时可以要求分割合伙期间的财产，其中包括各合伙人投入的财产、合伙期间积累的财产，也包括合伙期间的债权和债务。由于财产的性质不同，处理方式也是不同的。

1. 关于股权

股权作为合伙财产的主要组成部分，可采用回购的形式。合伙人取得股权，是因为大家看好企业发展，也愿意本着共同的目标走到一起，共同创业。早期合伙人拼凑在一起的资金，并不是合伙人所持大量股权的真实价格，这一点企业要弄清楚。

企业还可以约定在一定期限内，比如三年或五年之内，股权由创始人代持，或者约定合伙人的股权与其服务期限挂钩。如果中间有合伙人要退出，那么其他合伙人和创始人可以回购股权。

股权回购实际上是一个股权买断的过程。对于退伙的人，企业可以全部或者部分收回股权。另一方面，企业要承认合伙人对企业的贡献，需要按照一定的溢价或者折价，也就是按照市场价的变化来合理回购股权。

2. 其他财产

其他财产可采用退还、补偿等形式。按照《最高人民法院关于贯彻执行〈中华人民共和国民法通则〉若干问题的意见》第五十二条规定："合伙人退伙，书面协议有约定的，按书面协议处理；书面协议未约定的，原则上应予准许。但因其退伙给其他合伙人造成损失的，应当考虑退伙的原因、理由以及双方当事人的过错等情况，确定其应当承担的赔偿责任。"

该意见的第五十四条还规定："合伙人退伙时分割的合伙财产，应当包括合伙时投入的财产和合伙期间积累的财产，以及合伙期间的债权和债务。入伙的原物退伙时原则上应予退还；一次清退有困难的，可以分批分期清退；退还原物确有困难，可以折价处理。"

虽然在创业伊始未就退伙事宜做出约定，但现在因合伙事宜持续亏损提出退伙是可以的。不过，因退伙导致其他合伙人的损失，应当予以赔偿，同时退伙时可以对合伙的财产予以分割，当然合伙财产还包括合伙期间的债务。

当然，无论是哪种财产，在分割时应坚持的最重要一个原则就是按约定办事，依法办事。这就要求在合伙前一定要签订与财产有关的协议，如入股协议、股权代持协议、财产分割协议，等等，这些都是后期合伙人退伙财产分割时重要的法律依据。

第5章

团队管理：一个教练+一批学员

雇佣制团队就是领导＋团队成员，领导发号施令，团队执行。合伙团队简单地讲就是议会，什么事都需要大家商量而定，然后坚决执行。雇佣制团队是一个决策者＋若干做事的人，合伙团队是若干个决策者，同时也是若干做事人的集合。这就是雇佣制与合伙制团队的不同之处。

5.1 教练型管理者与传统管理者的区别

合伙制新兴企业的崛起，源于采用了一种区别于传统企业的管理模式，即教练式管理。这种模式最大的优势就是打破了团队成员认知障碍，拓宽团队成员的思维，强化了团队成员之间的交流，从而使团队管理效率得到快速提升，同时团队的综合竞争力得到加强。

合伙制企业中需要的教练型管理人员是一种新型的管理人才，泛指拥有教练思考模式、教学能力，能运用教练理念和框架培养团队的人。但最终的目的是要带领团队达成组织目标，因此是教练的同时，更多的还是管理，需要会带领团队，更要会管理团队。

很多管理者往往会将两者混淆，结果造成了个人转型成功，但无法带领团队达成组织目标的现象。所以，有必要将教练型管理者与传统管理者进行对比，看看两者具体有什么差别。

两者有一个核心的区别：传统管理者是指挥团队达成目标的人，是团队的主宰者；教练型管理者是协助团队达成目标的人，是团队的后勤人员。

具体表现在以下三个方面：

（1）传统的管理以指令为主，管理者喜欢给意见，依赖规章制度进行管理，注重解决问题。传统管理关注更多的是事情本身，是如何将事情做好做对；教练型管理关注更多的是人本身。无论多么伟大的发明、多么惊人的成就都离不开人的因素。企业管理及生活中其他的方面也同此理，无论多么完善的制度与多么激动人心的计划，离开了人的因素，一切都只不过是一个空想罢了。只要解决了人的问题，所有的事情自然就能解决。

（2）传统的管理强调的是对事情本身的监督与控制；教练型管理侧重于对人的激发与支持。教练型组织中强调团队的目标与成果的达成高于一切，会激发团队的每一个成员组合成为一个有机的、互补的、相互协作与支持的整体和组织，去实现工作的最终目标。

（3）应用教练技术的教练型组织所强调的目标并非上面制定、下面执行。其强调的是：结果提前，管理者（教练型管理者）靠后。将结果置于团队每一个成员的面前，强调的是团队实现目标，管理者作支持者、作资源的整合者、作啦啦队的队长；强调的是团队作战，而非管理者唱独角戏；管理者更多的是以教练与辅导员的角色出现，明确方向，带领团队以最小的成本获得最大的产出。

5.2 教练型管理者的授权艺术

现在许多管理者常会出现这样的奇怪现象，自己越来越忙，从早忙到晚，节假日也不休息。而许多员工的责任心则越来越差，缺乏工作激情，整个团队的工作效率日渐低下。自己忙得团团转却没有任何效率，你有没有考虑过是不是做了许多本该下属做的事情。领导不是“千里马”，而是“伯乐”，是“千里马”的教练，是给下属发展的空间，让其纵横驰骋。

授权，是一种管理能力的体现，这在很多优秀的企业中已经得到了证明。

案例

甲骨文企业是世界最大的软件企业之一，也是第一家进入中国的软件巨头。拉瑞·埃里森在创办企业时就表示：“甲骨文企业会给大家提供充足的施展才华的空间，在这个空间里，员工自行设计产品、建立良好的运行机制，并且对自己的行为负责。”

但充分地放权并不意味着放任员工，而是在完善的监督体系下运行。如员工在决策、执行任务时出现差错，或者有不当的行为时，管理者会对当事人进行问责。这不仅充分调动了员工的创造性思维和进取心，还提高了他们的责任感。

传统企业中尚且如此放权，何况实行扁平化管理、崇尚无领导主义的电商企业呢？因此，电商企业管理者更应该充分放权，不做团队的领导者，只做辅导者、啦啦队长。

在企业管理中管理者是一个掌舵人，只有从权力中分身出来，把握企业发展的大方向，懂得运筹帷幄，才能决胜千里。所以，一个卓越的管理者首先要学会合理地授权。

有人给电商领导以这样一个定义，即领导 = 决策 + 授权。的确如此，在不断发展的信息经济时代，一个成功的领导，在管理中不需要事必躬亲，而是通过适当地授权，减轻自己的工作量。让下属充分发挥积极性的同时，自己集中精力去做更重要的事，以此提高团队的绩效，从而实现企业的目标。

可是授权给下属会不会出现问题呢？这关键在于你会不会安全地授权，会不会控权？在企业中，怎样才能做到授权而不失控？可以按照以下几个步骤去做。

第一步：你做决定，下属执行。

在企业的初创时期、重大的转型变革时期和危机的时候，领导者必须采用中央集权的模式，抓住大部分的权力，自己做出决定后，再交与下属去执行，否则，很容易失控。

第二步：向下属推销决策。

领导者做出决策，并不急于去执行，而是让下属知道你所做的决策。同时向下属征求意见，给予下属参与的权力，最终还是按照领导者所做出的决策去执行。

第三步：对下属进行考核。

将分解后的部分任务委派给下属独立负责完成。这一步的前提是要考察下属是否具备独立完成任务的能力，同时也可以反映下属的真实工作能力。

第四步：全力支持被授权人。

在考核合格后，将某一模块的工作全权交由下属完成，但是对被授权人的工作给予全力支持。

5.3 教练型管理者面对的沟通难题

合伙企业由于不设董事会，没有明确的上下级关系，没有严格的组织结构，组织形态比较松散。有的甚至不定期召开公司会议，没有固定的办公室，所有的会议都在电话、网络、群聊或可视化视频等电子通信中完成。这种沟通方式虽然效率很高，很便捷，但同时也有诸多缺陷，如无法一对一地充分沟通，面对面沟通的机会少，成员之间难免产生隔阂。

合伙企业领导班子成员间存在的沟通障碍主要表现如图 5 -1 所示。

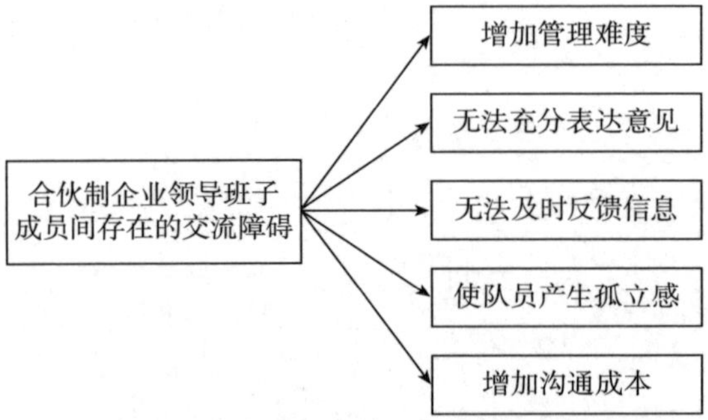

图 5 -1　合伙制企业领导班子成员间存在的交流障碍

1. 增加管理的难度

在合伙企业中，人与人之间的隶属关系淡化了，相互约束性小了，甚至连日常沟通与交流都在线上隔空完成。心中不再有“老板”的观念，也不用天天朝九晚五，甚至不用参加公司的现场会议，大多数时候通过视频会议即可。这种管理模式最大的、最致命的缺点就是增加了管理难度，心理距离、空间距离的拉大使管理者面临更多的挑战。

2. 无法充分表达意见

合伙人之间沟通和联系少了，即时有也大都是使用电子通信的方式，如网络、电子邮件、社交平台等。这样一来，就基本失去了面对面交流的机会。面对面地交流一旦减少，造成的最大问题就是成员之间很难充分地表达自己的观点、想法及态度。

3. 无法及时反馈信息

合伙人之间基本是“各自为政”的状态，有事交给网络、电子通信完成。网络，电子通信技术尽管突破了时空的限制，但面对面对的机会少了，这种优势也难发挥出来，尤其是对公务缠身的企业负责人，大家一忙可能就是几周，几个月见不到面，这样势必会使得信息反馈不够及时。

以做某个决策为例，一个决策只有在特定的环境和氛围中才能做出来，过于分散很难完成。比如，市场部需要马上完善一下这个季度的销售计划，一般来讲将几个主要负责人召集在一起，召开一个紧急会议，大家各抒己见，头脑风暴下也许就有好点子产生。而如果通过电话、电子邮件、视频会议呢？就不一定了。假如你在这边想问题，对方可能在那边正在做别的事情，或者电子通信工具出现了故障等，这些都会造成了交流的不顺畅，信息无法及时得到反馈，从而影响到决策。

4. 使队员产生孤立感

由于沟通长期处于一种隔空状态，距离较远，再加上工作环境的改变，相互之间缺乏足够了解等等，各个成员在沟通时容易产生一种距离感，从而产生孤立感。更严重者，还会影响到团队成员间的关系，使团队成员对其共同目标缺乏认同。

5. 增加沟通成本

线上沟通对技术的依赖性比较大，如，直播会议、视频会议软件等需要定期维护，需要较高的技术支持，需要配备专业的技术人员。这往往需要团队提供相应的技术、资金和人员的支持，这无形中增加了沟通的成本。

5.4 教练型管理者的沟通法则

种种障碍是制约企业难以实现高效沟通的主要原因，也是合伙制企业团队组织松散化、去中心化管理模式下必然面对的问题。俗话说，“不为失败找理由，只为成功找方法，任何问题都有解决它的方法。”那么，合伙制企业该如何展开无障碍的沟通呢？可从以下几个方面入手。

1. 制定政策或进行必要的宣传和劝导

这是建立良好上行沟通的开端，即向下属说明哪些向上沟通是管理人员所期望的（包括涉及有争议的问题或建议性的改进方案等）。除了明文规定，还需要进一步制定其他的政策，例如员工投诉制度、员工建议制度、工作满意度调查等，来改善向上沟通状况。良好的沟通的关键在于管理者既有高度的敏感、精心的准备，又以诚心来与合伙人进行沟通。

2. 设立共同的团队目标

设立共同的团队目标就是要使团队目标和个人目标具有一致性，而要达到这一点，就必须扩充参与团队目标制定者的人数，特别是增加团队成员的参与数量。尽可能地使团队目标与个人目标具有一致性，从而提升团队效能。在制定共同的团队目标中需要通过以下程序：了解目标——团队成员参与团队目标的制定——团队目标的反复修正。

3. 选择具有互补性的团队成员

在配备团队成员时，要注意团队的组成要在知识技能、工作方式、性格特点上保持一定的互补性。把技术专长相同的两位专家安排在同一个小组中是一种浪费；性格同样暴躁的两个人很难在一起共事。保持团队成员的互补性，有助于取长补短，提高工作效率。

4. 不拘泥于传统的管理

合伙制企业作为一种非正式的组织方式，有很大的不确定性，如果说传统的管理方式是程序化的、相对固化的，那么合伙制企业对团队的管理就要灵活得多。千万不要抱着传统的管理制度不放，根据情况选择恰当的手段，才会取得较好的效果。

5.5 相互信任是合伙制团队的黏合剂

合伙赚钱，诚意当先。只有以诚相待，才能在合伙制的模式下赚到钱。合伙创业是一件严肃的事情，遇到事情时应该与合伙人一起商量、共同进退。无论做什么事情，都应该坚持诚信当先的原则。

既然是合伙制企业，那么你们就是一条船上的人，无论遇到什么问题或者做什么决策，都应该秉承最基本的诚信原则，相信你的每个合伙人。

案例

一家服装店，已经开设了十多年，这家店是程某和张某合伙经营的。外人经常将她俩看作是姐妹，因为她们从盘下这家门店开始就成为了合伙人，并且一干就是十多年。这十多年来，服装店生意兴隆，成为大量新老客户钟爱的门店。服装店之所以发展这么好，主要靠的就是两人彼此间的相互信任。

程某比张某大十岁，因此张某就主动承担起了进货的繁重工作，什么时候进什么款式、进多少货、从哪儿进货，这些事都是由张某来负责。程某从没有怀疑过张某的决定，还时常夸赞张某很有眼光。事实上两人并没有太计较工作分配，张某比程某岁数小，她就多干些，程某则将精力主要放在了销售这方面。

十多年来，两人之间不仅有了信任和默契，感情也日渐加深。

不管遇到什么事情，她们都首先会为对方考虑。比如程某因为家庭的原因，本来是要搬到另外一个城市生活，但是考虑到张某比自己小，还有很好的发展，于是她说服了家人没有搬家，而是选择了留下来。就这样，依靠彼此间的信任和默契，她们获得了“姐妹花”的好名声，也让店面的知名度越来越大，业绩越来越好。

信任是创始团队的基础。如果创始人难以信任其他创始人的决策，也就难以信任地把控制权交由某个创始人。平均分配股权的背后，往往是创始人之间缺乏互相信任的结果。

信任是合伙的基础，一方面，要求创始人之间，如果决定开始合作创业了，就最好互相信任。“用人不疑，疑人不用”在这里也同样适用。另一方面，在遇到问题时要多沟通，通过沟通消除合伙过程中的误会和不解，从而最终取得信任。

管理学大师彼得·德鲁克曾说过：“做企业管理，最重要的除了沟通，还是沟通。”合伙人之间想要诚信，必须要将沟通当作一种习惯，而且要掌握沟通的技巧。

在一家电商企业，作为合伙人之一的技术人员经常会和另外两名合伙人提出自己的方案。在进行沟通时，这位合伙人是这样说的：“在这个问题上，我有两种方案，第一是这样的……第二是这样的……你们觉得哪个方案比较合适？”

事实上，这个合伙人只是将自己的两种方案抛出，让另外两名合伙人选择其中一种，而没有给其他合伙人提出自己想法和意见的机会。这样一来就无法实现有效沟通。

合伙人之间由于知识结构、做事方法、性格习惯等各不相同，所以在对待同一个问题时会有不同的想法。如果在这时候做不到诚信沟通，那么就可能会产生分歧，最终影响到决策的执行。

在沟通时还要注意方法和技巧，比如遇到问题时一定不要回避，要有坦诚的沟通态度，将事情摆放在台面上，大家共同探讨，积极发表意见，最终才会做出最合适的决策。另外，还要不断换位思考，用对方可以理解的表述方法来传递信息，这样可以让沟通更有效率，也更容易达到目的。

合伙创业是一场激烈的战斗，团队就是背靠背互相支持的“兄弟连”。如果不能互相信任，就很难高效合作，大量的精力将陷入在团队的人际纷争中，团队也没有战斗力可言。同样，如果没有信任，创始人之间就很难在股权分配问题上进行建设性的讨论，藏着掖着和漫天要价，都无法做出合理的股权架构。

第6章

股权管理：合伙制企业激励管理的核心

股权可大大增强合伙人对企业的归属感,增强企业凝聚力，更能吸引和留住人才。合伙人实现持股的途径有三种方式，即合伙人直接持股，通过公司间接持股，通过合伙企业间接持股。在这三种持股方式中，通过合伙企业间接持股是最容易实现的。持有公司股份是成为合伙人的主要动力之一。相应地，对于合伙制企业来讲，做好合伙人的股权管理也是重中之重。

6.1 股权激励：合伙重在股权要清晰

股权激励，是企业给予经营者或合伙人一定的股权来获得一定经济权利和收益的一种激励方法。目的是让经营者或合伙人能够以股东的身份参与企业的决策、分享利润，以及承担企业风险，从而勤勉尽责地为企业长期付出。

股权激励是个老话题，以往在很多企业中都有或多或少的运用和涉及。但合伙制企业大范围兴起来之后，股权似乎成了更热门的词，合伙必定拥有股份、股权，而股份、股权优势是保证合伙人利益的一个重要方式。

合伙人是增值收益，股份是收益权，股权是所有权，三者紧密相联，缺一不可。现在比较认可的有三种合伙人模式，无不都在围绕这条主线。

第一种模式，合伙人就是名义股东（即股份），有的也将实际股东称为合伙人，这只是名称上的转变。第二种模式，有限合伙，有限合伙企业作为持股平台。在合伙企业中有两种角色，一种是普通合伙人（GP，公司创办人或控制人）、一种是有限合伙人（LP，投资人）。这里的 LP 都是投资人，没有决策权和代表权，只分享投资收益（即收益权）。第三种模式，以打造团队经营者为核心的增值合伙人（OP），OP 出钱出力、做增量价值、分享增值收益。

所以，合伙人基本都与股份、股权无关，合伙人模式更关注的是合智合力、共同经营，而股权、股份更关注的是投资与回报、风险与责任等。

案例

陕西西安某餐饮企业是当地餐饮的龙头企业，集星级旅游、专业餐饮、大型会议承办于一体。2013年下半年，受餐饮行业整体环境不景气的影响，企业经营陷入困境，为坚定员工信心，提高员工的积极性，集团高层决定在试点分店推进“股权改革”，通过设立合伙企业让员工持股。

企业给员工股权，不仅可以激发员工的积极性，还能让员工为企业承担一定的风险，与企业共同进退。当然，股权激励的方式虽然很好，但也并不代表合伙制企业在一开始就可以毫无顾忌地给员工股权。

我们该如何理解股权这个问题呢？首先需要了解什么是股权，以及股权的分类。

1. 什么是股权

股权就是指投资人由于向合伙组织和向企业法人投资而享有的权利，及承担一定责任的权利。一般来讲，股权有两种，一种是向合伙组织投资，另一种是向企业法人投资。两种不同性质的股权享有的权利和承担的责任都有所不同。

向合伙组织投资享有的权利较少，向企业法人投资享有的权利较多；前者要承担无限责任；后者则承担的是有限责任，如表6－1所示。

表6－1　不同性质股权的权利和责任

向企业法人投资享有的权利	向合伙组织投资享有的权利
有只以投资额为限承担民事责任的权利； 有参与制定和修改法人章程的权利； 有自己出任法人管理者或决定法人管理者人选的权利； 有参与股东大会，决定法人重大事宜的权利； 有从企业法人份额里分取红利的权利； 有依法转让股权的权利； 有在法人终止后收回剩余财产等权利	除不享有前述股权中的第一项外，其他相应的权利完全相同

2. 股权的分类

股权首先分为两个类别：资金股权、经营管理股权。无论哪一类股权，关键要做好股权的分配。股权不谈好，在创业过程中必然会发生各种问题。在具体的分配上又有不同的方法，具体如下。

（1）资金股权。

资金股权的分配须根据投资者的类型来分。一般来说，个人投资要看投资人的个人特性，机构投资则有一套价值评估系统。

如个人投资者，投资者为什么要投这个企业，而不投那个的团队？最重要的是看重人，其次才是项目。因此，我们也应该首先从人的角度来对待投资资金占的股份比例的问题。比如一个投资者的控制欲特别重，那你就不要去奢谈控股了，而不如把精力转到如何通过扩大企业让团队的收益增大；如果投资者是特别豪爽的，那么你可能能获得控股权。总之，更多的还是尊重投资人的看法。如果真的觉得不合适，看来你选择的投资人错了，应该变的是你，而不是他。

（2）经营股权。

经营股权也很重要，关键是比例。只有总的比例定好了，才能通过每个人在团队中担任的职责和能力来评估。建议先设立简单的虚拟股权绩效评价系统。也就是在创业过程中，让股东的股权随着个人绩效的变化，有一定调整幅度的激励制度。

值得注意的是，这个制度是中立的，保证经营股权的分配比例可按照职责、岗位来分配，避免按照人数随意分配。按照客观的资金、职责、岗位、创意等角度来分股权，能避免随意拍脑袋分配方式带来的问题。

6.2 股权架构：决定企业稳定性

在合伙制企业中，一定要搭建好股东结构。要有压轴者，也要有做门面的圈层，还要有真正操心的中间力量。其中，能够为企业真正贡献力量的股东要占到七成，因为他们是资源供给最旺盛的一部分，换句话说，他们的价值最大。

企业的创始人往往也是企业的CEO，在股权占比中，CEO一定是核心股东，要占比较大的比例，且要呈现出一个梯级，原始人控股一般至少50%，较大的企业和特殊结构的企业除外。

在合伙制企业中，一定要有一个明显的股权阶梯，创始人与联合合伙人之间的股权不要太接近，创始人要绝对控股。合伙制企业最常见的股权架构如表6-2所示。

表6-2　合伙制企业最常见的股权架构

原始人	50%～60%
联合合伙人	20%～30%%
期权池	10%～20%

例如，Facebook创立时的股权分配方式就是创始人占有绝对控股权。其创始人扎克伯格占65%的股权，萨维林占30%的股权，莫斯科维茨占5%的股权。正是因为这样，Facebook才能在扎克伯格的领导下快速向前

发展。

国内的一个经典案例就是唯品会。2012 年，唯品会在美国纽交所成功上市，且仅仅用了一年的时间，股价就翻了五倍，创造了一个新的商界传奇。唯品会的成功离不开创始人沈亚的领导。作为唯品会的董事长兼 CEO，沈亚在唯品会的股权占比是最大的，具有绝对的控股权，占有 56.5% 的股份。

很显然，创始人一定要持有绝对的控股权。如果没有一个绝对控股者，那么企业将如同一只无头苍蝇，很容易在发展过程中失去方向，最终走向失败。

6.3 重在做好股权的分配工作

一个合伙制企业就像一个圆形蛋糕，是由很多合伙人通过一起打拼拼凑起来的。如果创始人想自己一个人独占，能一口吞得下吗？很显然不能。股权不切分，这个蛋糕谁也吃不下。很多创始人认为，只要预留出一小部分股权分给底下的合伙人就可以了，比如，预留 10% 或者 20% 。但这 10% 能够让合伙人满意吗？股份那么少，根本就不够分。而且这种行为不像合伙制，而像是给下属打赏的。

有些人还认为，不应该合伙创业，和朋友或者亲戚合伙很难分清楚股权。但实际上，这是因为企业没有处理好具体的事项，才会导致问题堆积越来越严重。只要懂得切分股权，理性处理利益问题，合伙就能成功。比如新东方三驾马车、腾讯五虎、阿里巴巴十八罗汉……这些都是好哥们儿、好朋友一起合伙创业的成功典范。

股权切分是合伙创业的一个必然趋势和经历。俗话说“有舍才有得”，合伙创业是大家一起出力出资，合理分配股权也是理所当然的事情。

企业发放股权的目的，是筛选出一支既有创业能力又有创业心态的核心团队，让这些合伙人拥有自己的利益、权利以及责任。这是一个相互选择的过程，企业经过考验或者判断，选择合适的合伙人，给他们配备股权；合伙人看好企业发展前景，自愿出钱或出力，加入企业共同发展。

对于经过磨合、有创业能力与创业心态的合伙人，与之谈利益并不伤感情。相反，如果不与他们谈利益，才会真正伤感情。

小米成立之初，雷军即提出小米要做铁人三项组合模式：软件 + 硬件 + 互联网服务。从小米八位合伙人的背景中可以看出，这些合伙人和小米的商业模式都是高度匹配的。

寻找合伙人是考验创始人对创业方向的思考深度。雷军首先考虑的，就是小米未来的商业模式和核心业务节点；有了这个轮廓，再考虑支撑这种商业模式的合伙人团队；商业模式与合伙人之间协调好之后，那么股权架构自然也就出来了。

在合伙制企业中，股权发放可以在整体上保障企业的顺利发展，让企业能够有条不紊、持续稳定地向前迈进。唯有让员工成为企业的合伙人，给他们发放股权才能真正激励员工，这对企业的整体发展是最有利的。

6.4 创始人的股权分配确定原则

很多企业天天喊着股权激励，然而大多数企业在这方面都“不作为”。有的雷声大雨点小，一直没有什么实际行动。有的即使做了也无法达到预期效果，因为很多领导人连股权是什么都没搞清楚，结果就是激励不成，反而因为股权转让、稀释，让股东人数不断增多。这样一来，就会影响企业的正常经营和决策，甚至危及创始人、大股东的控股地位和利益。

所以，做股权激励的企业必须先明白一个问题，那就是创始人、大股东的股权身价如何确定？搞清楚这个问题后，再来考虑是不是要做这样的激励，是不是有更好的方法来解决问题。

一般来讲，合伙制企业创始人的股权分配大多数会涉及到两个问题：一个是如何利用合理的股权结构保证创始人对企业的控制力；另一个是通过股权分配帮助企业获取更多的资源，包括找到有实力的合伙人和投资人。也就是说既要保证自己对股权的控制力度，又要保证合伙人、投资人的利益。

其实，这是个伪命题，一方是创始人的利益，一方是合伙人、投资人的利益，两者是此消彼长的关系，一方多另一方必然会减少。当然，这也并不意味着问题无法解决，关键是找到两者的平衡点（如图 6－1 所示），让双方的利益得到兼顾。因此，如何在这两方之间找到平衡点是创始人最大的考验。

那么，创始人如何在两者之间找到最佳平衡点呢，具体可从以下几个方面入手。

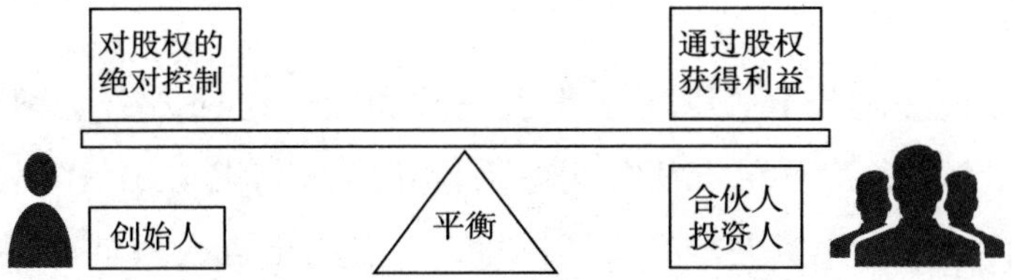

图 6－1　创始人与合伙人股权利益关系

1. 股权分配机制

一个企业中，大多数情况下参与持股的人有企业合伙人（创始人和联合创始人）、员工与外部顾问、投资方等。当然三方的持股比例，股权权重是不一样的。为平衡各方的利益，在股权结构设计的时候必须要科学合理，既要符合企业发展需求，又要兼顾个人利益。尤其是要能够方便后期融资、后期人才引进和激励。

比如，当有投资机构准备进入后，投资方一般会要求，创始人团队在投资进入之前，在企业的股权比例中预留出一部分股份作为期权池，为后进入企业的员工和企业的股权激励方案预留，以免后期稀释投资人的股份。这部分作为股权池预留的股份一般由创始人代持。

而在投资进来之前，原始的创业股东在分配股权时，也可以先根据一定阶段内企业的融资计划，先预留出一部分股份放入股权池用于后续融资，另外预留一部分股份放入股权池用于持续吸引人才和进行员工激励。原始创业股东按照商定的比例分配剩下的股份，股权池的股份由创始人代持。

2. 股权代持

一些创业企业在早期进行工商注册时，会采取合伙人股权代持的方式，即由部分股东代持其他股东的股份进行工商注册，来减少因核心团队离职而造成的频繁股权变更，等到团队稳定后再拿出代持的股份。

根据相关的法律，股权代持协议只要不违反法律的强制性规定，都是有效的。

最高人民法院关于适用《中华人民共和国公司法》若干问题的规定（三）第二十五条：有限责任公司的实际出资人与名义出资人订立合同，约定由实际出资人出资并享有投资权益，以名义出资人为名义股东，实际出资人与名义股东对该合同效力发生争议的，如无《合同法》第五十二条规定的情形，人民法院应当认定该合同有效。前款规定的实际出资人与名义股东因投资权益的归属发生争议，实际出资人以其实际履行了出资义务为由向名义股东主张权利的，人民法院应予支持。

名义股东以公司股东名册记载、公司登记机关登记为由否认实际出资人权利的，人民法院不予支持。实际出资人未经公司其他股东半数以上同意，请求公司变更股东、签发出资证明书、记载于股东名册、记载于公司章程并办理公司登记机关登记的，人民法院不予支持。

当然股份代持，由于实际出资人并未列于股东名册，也无法通过股东会行驶股东权，相比直接持有股权，有一定风险，但控制得好仍是一种可行的方案。

3. 股权绑定

股权绑定，即公司股权按照创始人在公司工作的年数或月数逐步兑现，这种机制在发达国家已经非常成熟。股权真实的价值是所有合伙人与企业长期绑定，通过长期服务企业去赚取股权，就是说，股权按照创始团队成员在企业工作的年数，逐步兑现。

没有“股份绑定”条款，派股份给任何人都是不靠谱的。股权绑定的一个好处就是分期兑现，有效平衡合伙人之间出现股份分配不公平的情况。例如最初订立的股权分配比例更多是拍脑袋，但项目进行一段时间之后，发现之前股权分配较少的乙对项目的贡献或重要性，比股权分配较多的甲要多，董事会可与甲乙商量后做决议，把双方的还没有合法授予的股份重新分配，甲乙都会比较容易接受。因为已经授予的股份不变。而且如果一方不接受的话，离开公司，也有一个明确公平的已经授予的股份。

股份绑定期最好是4～5年，任何人都必须在企业中至少一年才可持有股份（包括创始人），然后逐年兑现一定比例的股份。例如4年期股份绑定，第一年给25%，然后接下来每年兑现25%。

6.5 企业初创期不适合给员工股权

留人重要，还是激励人重要？动用股权来留人，只能留住极为核心的人才。如果将股权扩散到大多数人，是不恰当的。毕竟，其中蕴藏着税务、法律、财务、数据等诸多风险。同样，由于初创企业缺乏长远的战略规划、长效思维，员工对未来存在较多的不确定性，对长效激励并不感兴趣。所以，股权激励的真正价值比较有限。

解决适不适合给初创期的员工股权这个问题，并不能一概而论，这取决于企业的第一需求是什么？是为了留人还是激励人？也就是说，股权激励的目的是什么？很多企业之所以想做股权激励，有两个目的，一是防止优秀人才流失、吸引新的人才加入；二是希望与团队共同经营，让企业有更好的收益。

股份激励的目的主要是用来留人的，是短期激励，重在看眼前能提供什么利益。股权激励的目的是面向未来的，有长效激励意义，面对核心层，重在激励一小部分人。就股权而言如果短期激励不够，未必有效。股权属于所有权分配，但创造高价值最值得研究的是经营权激励，因此股权激励不适合创业初期给员工。

股份与股权又有什么区别呢，如图6-2所示。

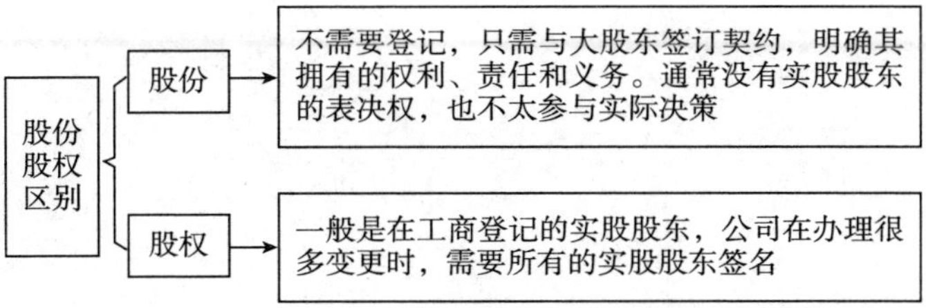

图 6－2　股份与股权的区别

股权，作为金手铐重在留人，但激励人的价值有限。当只针对极少部分人时则有效，它更多的玩的是顶层设计。但初创期的企业很多连墙都没砌好，就更别说顶层设计了，这时做好激励就行了，即给股份不给股权，甚至虚拟股份等。如在职股，代持股等。在股份中，有一种虚拟股份，通常公司在内部虚拟一个总股数，然后通过认购、赠送、奖励等方式派发给员工。员工得到的不是份额（即比率），而是一个股数。例如，公司总股本 5000 万元，折成 5000 万股，员工甲出资 10 万元，认购 10 万股。

股份，作为合伙人收益权，是让参与合伙的管理者、员工或者其他人员，成为投资者参与企业经营，无疑是激励员工的最好方式。

6.6 合伙人退伙，股权怎么分

企业的发展过程中总是会遇到核心人员的波动，特别是已经持有企业股权的合伙人退出。合伙人退伙，尤其是非正常退伙将会对企业造成严重的损失。这时，退伙人手中的股权怎么办就成为了最大的问题，处理不好将会直接威胁到企业的生死存亡。这样的例子比比皆是，如著名的西少爷散伙事件；在线教育网站泡面吧分家事件；以及各种私募屡现分家等。

那么，如何处理退伙合伙人手里的股份，才能避免因合伙人股权问题而影响企业正常经营呢？对此，最有效的办法就是做好预防工作，打开天窗说亮话，提前约定利益的分配和股份的收回等。具体内容包括以下几个方面。

1. 提前约定退出机制

提前设定好股权退出机制，约定好在什么阶段合伙人退出企业后，要退回的股权和退回形式。创业企业的股权价值是所有合伙人持续长期的服务于企业所赚取的，当合伙人退出企业后，其所持的股权应该按照一定的形式退出。一方面对于继续在企业里做事的其他合伙人更公平，另一方面也便于企业的持续稳定发展。

2. 股东中途退出，股权溢价回购

退出的合伙人的股权回购方式只能通过提前约定的方式施行，退出时企业可以按照当时企业的估值对合伙人手里的股权进行回购，回购的价格可以按照当时企业估值的价格适当溢价。

3. 设定高额违约金条款

为了防止合伙人退出企业但却不同意企业回购股权，可以在股东协议中设定高额的违约金条款。

4. 股权分配规则尽早落地

许多创业企业容易出现的一个问题是在创业早期大家一起埋头一起拼，不会考虑各自占多少股份和怎么获取这些股权，因为这个时候企业的股权就是一张空头支票。当企业前景越来越好，未来的价值越来越大时，早期的创始成员会越来越关心自己能够获取到的股份比例，而如果在这个时候再去讨论股权怎么分，很容易导致分配方式不能满足所有人的预期，导致团队出现问题，从而影响企业的发展。

6.7 股息分配：根据股权大小而定

股息是因拥有一定数额的股权而获得股票收益，这也是合伙制企业股东重要收益之一。也正是股息的分配常常引发合伙人之间的利益纠纷。

在合伙创业中，因为股息利益分配问题而闹得不可开交的事情屡见不鲜。企业开创之初，大部分合伙人之间尚且可以共甘苦，不计个人得失，甚至凭借彼此之间的感情保持激昂的斗志。但是在企业步入正轨，开始盈利之后，可能由于利益分配不均等问题引发纠纷。

还有一种情况，就是因为事先没有沟通好，没有明确股权利益所得分配机制。比如，有些合伙人出资较多，得到的回报却并不多；有些人出资较少，但却得到很多收益。下面我们就来分析一下，如何根据出资进行利益分配。

股权，是指股票持有者所具有的与其拥有的股票比例相应的权益，及承担一定责任的权力，股东根据所持股票份额的大小从而享有不同的权力以及企业利润的分配权。

股息，即股票的利息，是指上市企业按股票份额的一定比例支付给股票持有者后，股份持有者的收入。具体是公司从提取了公积金、公益金的税后利润中按照股息率派发给股东的收益。

很多企业都是因为没有事前制定股息利益分配协议，因此出现利益分配不均而导致的一系列问题。下面这个案例就是这样。

2010 年，甲、乙、丙、丁四人在广州成立了一家房地产中介企业。

当时，甲出资最多，其次是乙、丙、丁。企业成立时，四人只是达成了口头协议，甲占企业 40% 的股份，乙占 30% 的股份，丙占 20% 的股份，丁占 10% 的股份。按照这个口头协议，四人分别参与企业的房产销售工作，企业也越做越大。

后来，甲和乙的业务能力逐渐提高，销售业绩几乎占了全企业总业绩的 80%，而丙的销售业绩很差，丁几乎没有任何业绩。

乙就觉得这样分配不公平，于是就提出要以业绩来决定利益分配。丙和丁觉得这样的方法不妥当，强烈反对乙的意见。由于创业之初只是达成的口头协议，并没有法律效应，所以这四位合伙人就僵持不下。最终，乙毅然决然地退出合伙，另立门户。

所以，这也给很多企业一个警醒和启示：一定要“先小人后君子”，事先要协定好利益分配原则，并落实在书面上，让其具有法律效应。此外，如果只按照出资比例来决定利益分配，就会让付出多的合伙人心理不平衡。这些合伙人会觉得自己为企业贡献这么多，得到的利益却这么少，而那些只出资却占据了大量股权的人，是“不劳而获”。时间长了，这种不平衡感会让企业的合伙关系变质，甚至还会导致企业合伙人之间发生隔阂，最终企业也很难走下去。

因此，在利益分配时，企业需要按照出资比例和对企业的贡献大小来决定合伙人的利益分配问题。比如，60% 按照出资比例来分配，40% 按照合伙人对企业的贡献大小来分配。这样就能很好地避免上述问题的发生，同时也能获得合伙人的一致认同，让企业的利益分配更加顺畅。

6.8 利润分配的三大原则

在对合伙人进行利润分配时，需要按照分配原则来进行，避免平均主义。平均主义意味着什么？意味着大锅饭，意味着认定员工的贡献是一样的，价值是一样的。而实际上，员工的贡献与价值是一样的吗？当然不是。因此，如果你采用平均主义分配利润，那就抹杀了员工的独特价值和贡献，会打击那些“我比别人贡献大”的员工，这与合伙制的本意是相违背的。

举个简单的例子，假如某销售团队的月业绩超额奖为 3 万元，该团队一共有 10 名销售人员，那么每人得到 3000 元的奖励。这种分配方式看似简单公正，其实不然，要知道，这 10 名销售人员的能力、业绩是不同的，他们对当月部门能够超额完成业绩目标的贡献值是不一样的，因此，怎么能按照平均主义分配呢？

按照平均主义分配原则，会让业绩差的销售员占到便宜，他们认为不用那么努力，也能拿到同样的奖金。同时，又让业绩好的销售员感到不满，他们认为再怎么努力，最后得到的奖金也和那些不努力的人一样。如此一来，整个部门、整个团队不就消极怠工了吗？这与企业最初激励员工的初衷不就背道而驰了吗？所以，无论如何，都不能平均分配。

多劳多得，少劳少得，不劳不得，这是利润分享的基本原则。那么具体如何去分配，如何制定科学合理、符合客观实际的分配原则呢？前提是在充分尊重合伙人贡献与价值基础上，以合伙人的经营成果和实际业绩为中心，再合理地设计、计算。

1. 按照职位/岗位系数

任何利益的分配都需要先尊重合伙人的职位，在实行利润分享制之初，先按照职位的不同给每个人设定利润分享的系数。

职位/岗位系数划分方法如下：

将全部职位/岗位划分一定的等级（一般职位等级较高，岗位越重要，相应系数也高，以保证工资要比干活的人的工资高），可以是好几个职位归到同一个等级里，同一等级岗位工资的岗位系数相同（一般对于比较关键岗位、人数较多的岗位系数定为1，再低的可以定为1以下0以上）。

比如，总经理的重要性无人能及，分享系数为3；各部门的负责人是计划执行的领导者和实践者，还是指挥者，作用也很大，分享系数为1.5；普通员工的分享系数相同，均为1；然后用分享金额总数除以分享系数总和，用得出的数分别乘以各人的分享系数，就得出每个人应该分享到的奖金。

2. 按照合伙人所占股份的多少

在利润分享时，合伙人也要参与分享。为了让合伙人之间保持公平性，可以采取以所占股权优先的原则进行分享；同时，结合合伙人在工作中的贡献和职位的不同所设定的分享系数来进行综合计算。这样既保持了公平，又体现了差异性。

3. 兼顾对企业实际贡献的大小

对于主要合伙人来说，可以按照他们各自当月的业绩占总业绩的比例进行分享。有些部门的隐形合伙人如果不参与直接管理，没有具体业绩，就按照分享系数进行分享，这样可以最大限度地保证分享的公平性，充分体现了对不同合伙人所做贡献的尊重。

6.9 股权激励应搞清的四个问题

股权激励是讲究原则的，不是想什么时候发放就什么时候发放，想发放多少就发放多少，想发放给谁就给谁。而是需要确定发放时间，发放对象，并对对象有认真的定位和分析。然后在确定股权池比例的基础上，决定分配的数量。

这也是做股权激励需要搞清楚的四个问题，即时间、对象、数量和价格。股权激励的四个问题如表6－3所示。

表6－3 股权激励的四个问题

项目	概要	详情
发放时间	什么时候发放	从大的时间看，要求公司进入一个相对稳定的发展期，且利润达到一定的指标；从小的时间看，通常以半年、年、甚至更长时间为单位。关键是要形成一个相对固定的时间点，形成示范效应
发放对象	给哪些人	合伙人，公司的中层管理人员、骨干员工及外部聘请人员
发放数量	给多少	公司的股权池在10%～30%之间居多，15%是个中间值。确定公司股权池之后再结合职位、贡献、与公司所处的发展阶段综合考虑
发放定价	以什么价格给	定多高的价位不重要，关键是让享有者自己掏钱买，目的是让他们意识到股权的价值

1. 时间

股权，该什么时候发放，这是令很多人感到迷惑的一个问题。有的企业初创期就会给合伙人股权。这种做法其实并不明智。对于公司的核心合伙人，或特别优秀人才，可以给一部分股权。但对于刚入伙的合伙人，或非合伙人层面的员工，最好经过一段磨合期，过早地发放股权不仅仅会增加风险，更重要的是会增加股权成本。

因此，在股权激励时需要把握好时间。一般来说，当公司的利润达到了一定的指标，公司的发展趋于稳定后，再给员工发放股权，效果会比较好。另外，还要控制发放股权的节奏与进度，为后续进入团队的人才预留股权发放的空间。

2. 对象

股权发放的对象通常包括能够参与到股权激励中来的合伙人、中高层管理人员、骨干员工与外部顾问。企业中高层管理人员、优秀骨干人员则是拿股权的主要人群。对于合伙人来说，通常主要拿限制性股权，不参与股权分配。但是，如果合伙人的贡献与他所持的股权非常不匹配，也可以给他增发一部分股权。

通常还涉及到全员持股的问题，这需要非常谨慎。如果企业想让全员持股，可以分阶段地进行，先解决第一梯队人才的股权问题，再解决第二梯队人才的股权问题，最后普及第三梯队的股权，以形成示范效应。这样既可以达到良好的激励效果，又可以控制好激励成本，何乐而不为呢？

3. 数量

一般来说，公司的股权池在 10% ~30% 之间居多，15% 是个中间值。最好不要低于这个值，假如只发放 3% ~5%，很可能让持股人没有什么感觉，很难起到较好的激励作用，甚至可能会被认为公司只在画大饼，舍不得真金白银。

对于优秀的或有潜力的持股人，可以加大其份额，前提是公司股权池要确定下来，然后也要综合考虑职位、贡献、薪水与公司所处的发展阶段，那么员工所得的激励股权数也就基本确定下来了。另外，公司也可以让员工自己选择是拿“高工资 + 低股权”，还是拿“低工资 + 高股权”。对于企业创始人来说，当然希望员工选择后者。

4. 价格

股权是有价格的，员工拿到公司的股权，是否需要掏钱呢？答案是肯定的。那么，为什么必须掏钱呢？这是因为掏钱买来的股权，与免费得到的股权完全是两个概念，给员工的心理感觉也不同。

首先掏钱买的股权，即便掏的钱不多，员工也会很珍惜。比如，我们买个东西回来和捡个东西回来，会更珍惜哪个东西呢？答案不言自明。

其次，为什么不用与投资人购买股权那样掏一大笔钱呢？这是因为，让员工掏一小部分钱，可以缓解员工的资金压力，而且也是基于员工会长期参与创业考虑的。如果员工中途“跑路”了，公司收购他的股权也是合情合理的，员工也是可以接受的。因此，建议让员工按照公司股权的公平市场价值的一定折扣价取得股权。在股权激励的时候，一定要让员工意识到：股权本身是很值钱的，尽管他们只掏一小部分钱即可获得。

在这里需要提醒的是，千万不可免费发放。基于股权说它有价值就有价值，说它无价值它其实也没什么价值。免费，很容易让持股人认为股权不值钱。另外，如果该合伙人中途退伙，也不会认为股权应该被收回，而是认为必须给他们。如此一来，公司不但赔了股权，还可能产生一系列的矛盾纠纷。

第7章

额外激励：满足合伙人的利益需求是根本

获得更多的利益，并得到确实的保障，是合伙制存在的基础。除股权激励外，其他额外激励也是一种有益的补充，为的是留住核心人才，使其与企业结成利益共同体，从而实现企业持续、稳定的效益增长。

7.1 加法奖励：把超额部分奖给合伙人

在合伙制企业的利益分配机制中，有一个非常重要的机制，即加法机制。它指的是先设定一个生产或销售的目标，然后在分配给各合伙人，在规定的时间内超额完成的话就会将超出的部分按照一定比例分配下去。

如某生产机械设备的企业计划在 2017 年年度线下销售 1000 万套，而线下渠道全部由 3 个合伙人负责，各自负责不同的区域。企业为了激励合伙人完成任务规定了一个额外的奖励，如果超额完成，超额部分将按照双倍比例提成奖励。

为了让这种奖励机制最大限度地发挥激励作用，管理者需要做好以下几点。

1. 设定一个合适的奖励比例

这种奖励方式最关键的如何设定奖励基础，既不能过大也不能过小。把超额完成的业绩作为奖励的基数，一定要考虑到超额部分的生产量或销售量所产生的利润，通常来讲奖励的部分要占到超出部分纯利润的 50% 以上。

举个简单的例子，以销售为例，假如合伙人超额完成的销售量为 200 万元，这 200 万元的销售量能带给企业的纯利润是 80 万元，那么，最好拿出 40 万元作为奖励。

2. 缩短奖励周期

一项奖励机制再有效再合理，如果迟迟不落实、不兑现，效果就会大打折扣。这就涉及到周期问题，比如，设置的奖励期限如果是一年，那么在整个一个年度内几乎是没有奖励的，即使是奖励十几万，带给被奖励人的激励动力也会随着时间漫长而慢慢弱化。假如将这十几万在一年分两次、四次，甚至更多次。也就是月度、季度，或半年效果则会完全不一样。

缩短奖励的期限，让合伙人及时尝到获奖的甜头，激励作用就会更大。当然，在设定奖励期限时也需要结合工作特点和性质，灵活变动。比如，生产部门可以按天结算，销售部门则最好不要按天结算。另外，按天结算核算成本太高，公司财务要为每个员工统计工作量，这不是一件容易的事。

3. 舍得投资，舍得下本钱

如果把超额完成的业务量作为奖励基数，并且奖励超过超额部分纯利润的 50% 以上，会让很多老板感到心疼。他们通常会这样想：如果这部分利润不奖励，公司就会多获得很多利润。有这种心态的人就不适合做合伙。其实，可以换个角度思考：如果不拿出这部分利润作奖励又是什么结果？

合伙制企业中各个合伙人的地位都是平等的，与合伙人相处不能像传统的上下级相处方式一样，如果还仍认为“你是为我服务的”“必须服从于我”，那就大错特错了。合伙人所做的工作不是某个环节的补充，而是整个工作中不可缺少的组成部分。没有对等的收益，工作积极性、工作业绩都会大打折扣。所以，做合伙人的老板，心一定要大，懂得取舍的道理。只有舍得下成本，合伙人才会心甘情愿地为公司付出更多，创造更多，这是一个双赢的过程。

7.2 减法奖励：把省出来的作为奖金

减法奖励，并不是与加法奖励相对的一种方式，相反其实意思是一致的。加法是提高产量或销量，减法意在降低成本，降低消耗，目的都是为企业创造更多利润，只是采取的措施不一样而已。

减法奖励，适用于销售额已经到了瓶颈期，成本却居高不下的企业。具体做法是，先设定最低成本系数，再在详细的成本考核基础上，把可以省下来的成本尽量省下来；对很难省下来的成本根据情况酌情减少，最后计算出一个成本系数。如果能够把成本控制得低于这个系数，那么相比于原来的成本就低了。同时也可省出一部分资金，这部分资金就可以当作奖金奖励给被奖励人。

如某制造企业，原来每个月的制造成本是 100 万元，包括员工的工资、水电费、厂房租金、原材料的费用等。后来经过详细计算，发现这 100 万元成本完全可以再缩减降低。具体如下：

（1）生产过程中原材料浪费现象比较严重，尤其是丢弃的边角废料，其实这些边角废料可以二次利用。

（2）水电可以更节约，水电的浪费主要由员工的不规范使用，有意为之造成的，用水后不关紧水龙头，白天开灯或下班时忘关灯等。

（3）出差费用管理混乱，导致大部分费用乱花。

通过详细的核算之后，最后认为完全可以把成本控制在90万元。相比于之前每月100万元的成本，就下降了10万元。同时，节省下来的这10万元可以作为奖金重新分配，奖励给执行人。

同样花100万元做出了不一样事情，上述公司的做法可以推而广之，用在合伙人身上也十分有效。合伙人企业管理机制是比较松散的，这种奖励方式既养成了好的管理习惯，又可实现资源的有利调配，提高合伙人的积极性。那么，具体要怎么奖励呢？可以从以下几个方面做起。

1. 拿出所节省费用的50%用于奖励

是不是要把所节省的成本全部拿来奖励呢？当然不是，如果把所节省的成本全部奖励给合伙人，那么对于企业来说还是没有增加任何盈利，企业何苦累死累活地核算最低成本系数、制定具体的奖励方式呢？企业之所以设定最低成本系数，毫无疑问是为了有利可图，这一点非常容易理解，也合情合理。

因此，建议拿出所节省成本的50%用于奖励。这样一来，企业和合伙人平分了这部分节省下来的成本。对企业来说，节省了一部分成本；对合伙人来说，也分享了一部分利润。这才是真正的双赢，是最公平的双赢。

2. 以部门为单位进行奖励

把所节省成本数额的50%用于奖励合伙人，那么具体该奖励每个合伙人多少呢？对于这个问题，可以参考本书第6章第8节“利润分配的三大原则”中所设定的利润分享系数。当然，具体的分享系数怎么设定，可以结合公司的具体情况来确定。如果是生产制造业，那么生产部门所获得的利润分享系数应该是最高的，因为他们的工作直接关系到成本问题；如果是销售业，那么销售部门的分享系数应该是最高的。

3. 设置内部优胜劣汰机制

成本问题无处不在，用人成本是一个大头。企业可以在内部设置优胜劣汰机制，把能力靠后的、业绩糟糕的合伙人淘汰出局，这样就可以把省下的底薪拿出一半分给剩下的合伙人。

举个例子，假如市场部有 5 个合伙人，其中 1 个人业绩无法达到预期，按照优胜劣汰的机制这个人将会被淘汰出局。假如他们的年薪是 100 万元，那么被淘汰出局的这个人 100 万元（或适当支付后）的底薪将无法领取，按照企业规定将作为奖金给其他 4 个人。

4. 设立收支平衡的期限

减法式分配机制不仅涉及成本问题，还涉及亏损问题。对于一家新开的公司，如果能够设定一个收支平衡的期限，在这个期限内，把少亏损部分的 50% 拿出来奖励给合伙人，那么同样可以激励合伙人进步，对企业发展是大有好处。

7.3 彩票式奖励：给最优秀的人一个大奖

很多人都喜欢买彩票，为什么呢？因为买彩票可以以小博大，可能会一夜暴富。虽然这种可能性比较小，但由于购买彩票成本较低，因此很多人都愿意尝试。其实，企业在激励合伙人时，也可以采取彩票式激励机制，即给最优秀的合伙人一个超额奖励，以最大限度突出优秀合伙人的价值，提高合伙人的地位，这对其本人是很好的激励，对其他合伙人也同样有激励作用。

俗话说："重赏之下必有勇夫。"对于企业来说，要想合伙人积极行动起来，就必须给他们强烈的渴望。值得注意的是，彩票式这种激励机制不是赌博，不是给对方画一个大饼，然后迟迟不兑现，而是建立在"诚实、守信"的基础之上，切切实实让合伙人感受得到物有所值。

1. 评选优秀合伙人

有些公司运用彩票式分配机制时，只是给最优秀的一个员工超大奖。这样就容易产生一个问题，大家会想：第一名只有一个，我的能力、水平不可能做出第一名的成绩，所以这个分配机制对我来说没用。这样就不能产生"奖励一人、带动一片"的效果。所以，应根据合伙人数量来确定奖励人数，最好能奖励最优秀的多名合伙人。

2. 一切看业绩

奖励之前一定要根据业绩设定一个标准，设定标准的目的是为了设定奖励的基数，促使合伙人提高工作质量。这个标准可以参考加法式奖励机制。如果没有这个标准，公司的盈利很难得到保证，得不到保证还要拿出一大笔钱用于奖励，那么公司只能赔本赚吆喝。

3. 设立“金点子”工程

所谓“金点子”工程，指的是要在除业绩之外的其他方面设立奖金，如工艺流程、技术创新等方面设立大奖。假如某人提出一个工作改进方案，且具有可操作性，并为企业增加了收入，这时可从这部分收入提取一部分作为奖励。这样可以鼓励所有的人都积极献计献策，有利于调动企业的创新精神。

4. 奖罚结合

企业也要设定一个业绩的最低线，谁没有达到这个最低限度，就将受到相应的惩罚。

有奖还要有罚，这样才能体现出奖励的意义，反之如果只有奖，没有罚，就很容易出现一个问题：能力中等、中等偏下、最差的这些人，认为自己反正无法成为业绩最优秀的人，干脆就不努力了。这样也不能产生“奖励一人，带动一片”的效果。所以，在推出彩票式分配机制时，也要推出惩罚措施——对表现糟糕的后几位员工采取处罚，例如扣除其部分基本工资（具体的扣除比例可以视企业具体情况而定），这样就能逼着落后者前进。

7.4 福利式奖励：如何奖励行政后勤人员

员工从雇员变为合伙人，给权利、给责任、给前景、给福利，使员工变“给老板打工”为“给自己打工”的心态投入工作。福利是薪酬体系中非常重要的一部分，但同时也可以作为一种奖励回馈给合伙人。如果将其作为一种激励机制坚持下去，还可获得更好的效果。有的合伙制企业就采用了这种激励机制。如纽约的高盛公司，公司会用豪华轿车免费送加班太晚的员工回家；瓦拉西斯传播公司，公司会租车给没买车的员工；美信银行，当员工结婚时公司会给员工准备新婚礼物，包括婚礼当天的豪华轿车，新婚红包等。

当然，对于合伙人来说，福利必须“够分量”“深入人心”，体现物质满足与人性关怀的兼容性。如果惯于采用传统的、常规的福利项目，不足以让人心动。下面就介绍几个适合长期激励的福利项目，有不少都是欧美名企验证过的。

1. 顾家型福利

所谓顾家型福利，主要是打亲情牌，比如老婆生孩子，男员工可以陪产一个月，工资照发；每年组织一次或两次旅游，员工可以带上配偶、孩子、父母等；公司年会邀请员工与家属一起参加，等等。目的是提高忠诚度。顾家型福利还包括为家属设立慰问金。

德邦物流董事长崔维星十分重视打亲情牌，公司面向所有员工推出“亲情1+1”政策——公司与员工各出100元，按月寄给员工父母或家属，既让员工尽了孝心，又让父母督促子女好好工作。

2. 生活关怀型福利

现在很多企业发放的福利非常“另类”，几乎覆盖了日常生活的各个方面，有的还会涉及细枝末节，十分迎合当下的生活现状。有的由于迎合了特定人群的消费习惯和心理而备受欢迎，这些福利包括“吃货券”“美体SPA券”，更有“金牌月嫂券”“最牛搬家公司券”“操心早教券”等。

如“吃货券”上的解释是：在某烤鸭店、某火锅店和某比萨店任选其一。还有“金牌月嫂券”“最牛搬家公司券”，分别是从指定的两三家服务公司里挑选。

3. 女性福利

女人能撑半边天。事实上在不少企业，女性的比例越来越高，扮演的角色也越来越重要。因此，如何“讨好女员工”成了老板的必修课。毫不夸张地说，只要掌握女性的心理，然后只需要一点点“用力”，都能得到女性员工的大大回报。

这里就推荐一项通杀所有女性的福利——下午茶。某时尚公司的女性员工占了很大的比例，大老板也是女性，她每天都为员工准备丰盛的下午茶，缤纷的西点、新鲜的水果、香甜的花草茶……连茶具、餐具都搭配得十分精致，深得女性员工的欢心。一位该公司的女员工入职已经五年多，她笑称每天的下午茶是她一天工作的动力源泉，因为可以补充能量，提高自己的精神状态，大大提高了工作效率。

4. 特殊福利

针对特殊人群的一种福利。谷歌公司推出了一项福利制度：“死亡福利”。规定：如果员工不幸去世，其配偶、未成年子女可分别享受十年的半数薪酬，还有每月数千元的生活费用。事实上，谷歌一直很重视给员工福利，业界早有耳闻。免费美食、现场洗衣服务、户外运动中心等福利政策，都曾引起人们热议。而谷歌推出的这项死亡福利，更是充满了创意，充满了人性关怀。

事实上，在我们国家有些企业也有“死亡福利”，比如，员工家里有丧事时，公司会给员工一些丧礼费，以表达慰问之情。或者给予一定时间的休假，方便员工料理丧事。对于谷歌的“死亡福利”，可以适当借鉴，或在其基础上发挥创造性，制定更适合员工的福利项目。

7.5 按揭式奖励：用未来的筹码换取今天的回报

提到按揭，大多数人首先想到的是贷款买房，指以房地产等实物资产或有价证券、契约等作抵押，获得银行贷款并依合同分期付清本息，贷款还清后银行归还抵押物。其实，这是狭义上的定义，广义上泛指任何形式的质押（质押是动产的抵押）和抵押。这里的“按揭式奖励”就是广义上的意义。指企业为了激励合伙人、留住合伙人而采取的一个时间跨度更长，数额更大的奖励，通常是先许诺对方一个奖励，然后分期去兑现。

在利用按揭式奖励时需要注意以下两点。

1. 结合奖励对象的还款能力，设定合理的“还款期”

给予对方奖励时，企业一定要充分考虑“值不值”，无论企业是许诺买车、买房，还是其他，估算合伙人在这个期限能给公司创造多大的价值。因为涉及到贷款就需要结合对方创造价值的能力，且要明确还款期限是三年五年，还是十年。切不可信口开河、妄下承诺。

另外，在设定还款期限时要尽量短，或者说将总目标划分成小目标，按照小目标再设定另一个期限。如承诺提供住房问题，还款期限为十年，这时可将十年分为两个五年的期限，即在企业中服务的第一个五年，公司承担房子的首付；第二个五年，承担房子的贷款，也就是说满十年才能免费获得一套住房。如果满五年而不满十年，公司则只支付首付，不承担剩余的贷款。

举这个例子的意思是，许诺一个长期目标不如许诺多个短期的、较小的目标，这样对企业来说风险性小一点，对员工的激励性也更强烈一点。要知道让人苦苦等待十年才能满足一个愿望，很多人可能没有这样的耐心。而且现在的机会非常多，跳槽的诱惑非常多，你承诺下的十年奖励，到时候也许人走楼空了。

如果公司不在了，还怎么兑现承诺？这些问题在实施按揭分配机制中都要考虑到。而等待 3 年就可以实现目标，则会让员工觉得希望就在眼前，浑身充满干劲。

2. 承诺许下后一定要兑现

按揭式奖励，关键在于“承诺”要及时兑现。

有些公司到了要兑现承诺时却找出各种各样的理由来搪塞，只兑现部分或完全不兑现，这么做就很不厚道，甚至公堂对簿，两败俱伤。

某老板招聘一名优秀员工时，为了说服对方加盟，许诺对方只要工作满两年，第三年年薪不低于 20 万元（前两年年薪 10 万元）。年轻人一听，喜上眉梢，决定进入该企业。然而，第三年年底，公司并未兑现“年薪 20 万元”的许诺，理由是公司效益不好。当员工表达不满时，公司老板却指责员工工作业绩不够优秀配不上 20 万元的年薪。员工一气之下，拿着当初签订的合同，将公司告上法庭，最终公司败诉，不但赔了钱，声誉也大受损害。

用未来的筹码换取合伙人今天的付出，这就是按揭式奖励的精髓，尽管是个承诺，但却不是儿戏。在做出承诺时一定要深思熟虑，深入评估合伙人的价值，全面分析合伙人创造价值的能力，以及该项承诺与其价值的匹配度。一旦做出了承诺，就必须兑现。这是最起码的诚信问题，也是公司今后激励人才、留住人才的关键。

7.6 分红式奖励：分红问题不容小觑

分红式奖励主要是针对拥有股份的合伙人而言。股东除了股权所得之外的利益，还有非常重要的一部分那就是分红，而且企业效益越好分红越丰厚。

案例

阿里巴巴上市后，有人不无艳羡地说道：杭州城有上千位百万、千万级富翁新鲜出炉了。阿里巴巴实行的是员工持股计划，员工是公司的股东之一，其利益自然会随着公司利益的增加而“水涨船高”。

零售巨头沃尔玛规定，员工只要在公司工作满一年，每周工作超过20个小时，平均可以得到年薪5%的红利。但红利是先记在账上，直到员工离开公司时才能取。由于红利是以公司的股票支付，而股价飞涨，许多经理退休时都成了百万富翁，甚至许多普通员工也是如此。而这直接形成了良性循环：员工努力工作——公司业绩好——员工获得红利多——员工更努力工作，稳定性、忠诚度、凝聚力随之更高。

分红是将企业当年的收益，在按规定提取法定公积金、公益金等项目后向股东发放，是股东收益的一种方式。由于这部分获利与企业经营效果紧密相联，往往属于额外所得，具有一定的偶然性和波动性。因此，很多合作制企业在利益分配中没有详细规定这部分利益的分配原则、分配额度等，从而引发了一系列纠纷。

分红所得的分配原则往往不同于股权所得，这是因为股份和分红两者之间有很多不同之处。股份和分红的区别如表7－1。

表7－1 股份和分红的区别

股份	分红
占有一定地位，持有股份者参加股东会议，也可以得知公司深度的机密	只是一种激励手段，不参与股东会议，不了解公司深度机密，在公司盈利时才分得到的
承担风险	不承担风险
可转让和退出	无权转让和退出

股份和分红的区别在于分红是公司在创下收益时给股东的一种奖励制度。分红是股份企业在盈利中每年按股票份额的一定比例支付给投资者的红利。普通股可以享受分红，而优先股一般不享受分红。要想享受分红的前提是企业必须盈利。

分红一般有项目收益分红和岗位分红两种形式。

1. 项目收益分红

企业实施项目收益分红，是指按照具体的项目实施财务管理，并按照国家统一的会计制度进行核算，反映具体项目收益分红情况。企业实施项目收益分红，应当依据相关法律、法规，在项目成果完成、转化后，按照企业规定或者与重要实施人员约定的方式、数额和时限执行。企业制定相关规定，应当充分听取本企业合伙人、实施人员的意见，并在本企业公开相关规定。

2. 岗位分红

岗位分红，是为了激励公司关键岗位的员工，对其授予一定数量的公司股份或者为其在公司内部记账为一定数量的虚拟股份，该激励对象在这一岗位上任职期间可以享受该股份的分红权。该模式的特点是不需要购买，人在权在，人走权失，即被激励对象在特定岗位时拥有，离开该岗位时自动失去，由继任者享有。通常适用于岗位序列清晰、岗位职责明确、业绩考核规范的大中型公司。

实施岗位分红还有一个注意事项，即建立一个有效期，原则上不能超过三年，三年最好调整一次。激励方案中应当明确年度业绩考核指标，原则上各年度净利润增长率应当高于企业实施岗位分红激励近三年平均增长水平。企业未达到年度考核要求的，应当终止激励方案的实施，再次实施岗位分红激励需重新申报。激励对象未达到年度考核要求的，应当按约定的条款扣减、暂缓或停止分红激励。

实施分红激励时所需的支出要计入工资总额，但不受当年本单位工资总额限制、不纳入本单位工资总额基数，不作为企业职工教育经费、工会经费、社会保险费、补充养老及补充医疗保险费、住房公积金等的计提依据。

第8章

风险控制：减少风险为合伙保驾护航

创业有风险，合伙须谨慎。在合伙制企业中，合伙人多了，盈利性增加了，伴随而来的风险也增加了。受多种因素影响，如管理能力、财务状况、市场前景、行业竞争、人员素质等，企业的盈利水平会发生变化，从而产生较大的风险。风险控制也是合伙制企业管理的重中之重。

8.1 财产风险：不得随意转让第三方

我们在前面提过，在合伙企业中，合伙人出资的形式多种多样，有现金，也有实物、土地使用权、知识产权、技术使用权，还有其他财产权利及劳务出资。值得注意的是，这里涉及到一个财产权利问题，是合伙人必须要注意的。因为不同的出资形式，所产生的财产权利是不同的，为避免财产遭受损失，合伙人有必要在合伙协议中做出相应的约定，约定好财产出资形式、归属，以及权力与义务等。

具体来讲包括以下三个方面，如图 8－1 所示。

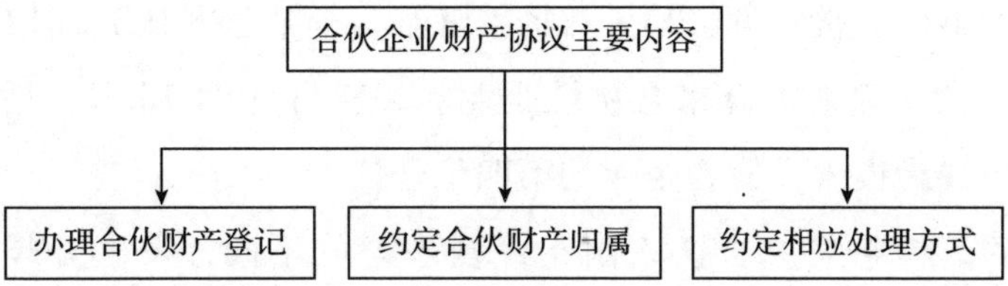

图 8－1　合伙企业财产协议主要内容

1. 办理合伙财产登记

在合伙协议中也应该明确约定办理登记手续的义务承担者、办理时间以及办理费用的承担等信息，包括所有权和他物权登记。对于一些不需要进行审批权利设定，如商标许可使用、专利许可使用等，也需要将相关合同拿到有关部门备案。

2. 明确关于合伙财产归属的约定

提到合伙财产时，多数人都认为是合伙人共有的，实际上，其中的情况比较复杂。

以现金或财产的所有权出资的，应认定为共有财产；但以房屋使用权、土地使用权出资的，在合伙经营期间，应该由全体合伙人共同享有使用权，但并不享有所有权；而以劳务、技能等非财产权出资的，劳务、技能虽然可以进行价值评估，但因为这些技能具有行为性的特征，因此并不能成为合伙制企业的财产；当合伙人以商标、专利等无形资产出资的，既可能以所有权出资，也可能以使用权出资，需要合伙人在协议中进一步明确约定。一旦在这方面约定不明确，就存在具有强烈争议的法律风险。

3. 约定相应的处理方式

协议中应该针对财产瑕疵约定处理方式，这是至关重要的，一旦忽略了这一点可能就会引发很多不确定因素，增加企业面临的法律风险。

这样的事件非常常见。某采石场系陈某、李某、刘某于 2012 年 6 月共同出资成立的一家矿产开采合伙性企业。2013 年 1 月 10 日，周某以机械设备、生产线为投入，成为企业的第四位合伙人。

一年后，周某与原合伙人由于经营理念的不同，发生分歧，石场于 2014 年 5 月停工。周某向人民法院提起了诉讼，要求退伙，并返还之前投入的所有设备。法院审理期间发现，原、被告双方当事人在合同中没有约定财产的具体处理方式，而周某也无法提供相关的材料，法院无法做出裁决。

原来，原告周某入伙时尽管签定了书面合同，合同约定，周末以机械设备和生产线设备投入，占股 45%；被告方陈某、李某、刘某以企业证照、山场资源、场地等设施及材料投入，占股 55%。但没有明确约定一旦散伙后，合伙财产的具体处理方式。因此，法院拒绝原告周某的诉求也符合常理。

8.2 劳务出资隐藏的风险

在所有的出资项目中，除了以现金、知识、技术出资外，劳务是在一种比较特殊的出资方式。这是因为“什么样的人可以劳务出资，以及如何量化劳务出资”等问题，法律上并没有具体的规定。因此，当出资人以劳务的形式出资后，会面临很多隐性问题，它不像现金那样可具体量化，也不像知识、技术那样有完善的法律保障。

接下来，就来详细了解一下劳务出资可能存在的问题，以及常见的法律风险。

1. 劳务价值风险

劳务价值是指花在劳务生产上的耗费价，具体来讲是由劳务生产过程的劳动耗费和劳务消费的社会必要劳动时间决定。因此，劳务的价值的衡量和量化是很难的，大多只能依赖合伙人之间的口头协议，经过沟通和协商，达成一个比较统一的、双方认可的意见。然而这类协议局限性比较大，带有强烈的个人情感，甚至违反常理，违反相关国家法律法规。

因此，当合伙人只是同意以劳务出资，但并没有明确其价值时，在签订类似的协议条款时需要十分谨慎，尽量地避免不确定的因素，不触犯法律。总之，一切要事先约定，并以文件的形式明确下来，就能够有效避免风险。

2. 劳务出资人承担责任的法律风险

按照规定，合伙人之间应该共负盈亏，共担风险，对外承担无限连带责任。劳务出资合伙人也是利益共享，连带责任承当者之一。然而，劳务出资合伙人又并不像其他形式出资的合伙人，这类合伙人可能是因为本身并不具备财产出资能力，因此应当事先明确是否按照正常合伙人来承担责任。当劳务出资人具有足够的财力时，该法律风险则可以忽略，反之，承担责任的风险就会大增。

3. 停止提供劳务的法律风险

劳务出资对合伙企业的价值在于劳务的提供和输出，一旦确定了其在合伙制企业中占的出资比例，劳务出资人不再为合伙制企业提供服务，其出资份额也不会自动消失。

这时候，企业不能简单认为劳务出资人不提供劳务属于撤回出资的退伙行为，毕竟劳务出资人会随着劳动能力或技能的丧失而不具备继续提供劳务的必要性。因此，很多合伙制企业会因为这个情况而产生争议，争议的内容关乎是否应当降低其所占出资比例。事实上，这种情况的法律风险在合伙制企业中越来越多。

4. 劳务出资人退伙的法律风险

企业对劳务出资者分配合伙财产的比例和方式很难简单理清。劳务出资合伙人未退伙前，这种法律风险还属于隐性的风险，不太可能引起合伙人的注意。然而，当这类合伙人退伙时，合伙制企业实质上已经不再享有其提供的劳务，就很可能直接导致出现法律危机。

8.3 企业事务管理风险

在合伙制企业中，企业的各项事务通常由各合伙人掌管，但具体掌管什么事务，权利大小，还需根据其能力，擅长的领域，以及出资的类型、出资比例而定。但仅靠这些是很难确定的，因此，合伙人之间需要制定一个关于合伙事务处理的计划和方案。

在大多数企业中，尤其是业务单一，量少的中小型企业，事务处理方案的确定基本都是通过合伙人协商的方式而定。一旦规模扩大，经营活动增多，想要所有事务达成一致意见越来越难，这也是风险增大的一个主要因素。这种风险主要集中在以下几个方面。

1. 经营的垄断

参照相关法律给出的指导性的意见，对于重要的经营决策和影响合伙事务的决策，都需要合伙人全部或者超过一定比例同意后才能实施。而现实经营活动中，往往经营活动都是操纵在有销售资源的合伙人手上，这样其他合伙人就无法知晓经营的具体细节和事实，容易产生纠纷。

2. 财务的垄断

作为一个灵活性的经营模式，财务账册对于了解经营情况，保障自己的分红权益是十分关键的材料。而财务很多时候往往都是由经营者掌握，所以财务的垄断往往导致其他合伙人想查账，而最后的结果是要么遭到拒绝，要么账册是经过处理的。

3. 转移或者处分合伙财产

由于个人合伙的财产不像有限责任公司一样属于公司，处分和转移都要有程序，而合伙事务中个别合伙人会把合伙投资的财产转移或者处分掉，由于购买的第三人是善意的，就无法向第三人追偿，向处分人追偿时困难重重。

因此，就需要一个协议来规范有关合伙事务，下面我们来看一下常见的合伙事务的约定内容。

（1）各合伙人无论出资多少，均按每人一票的方式来决定合伙制公司的事务。

（2）各合伙人根据出资比例享有决策权利。

（3）合伙人根据各自的职责、决策事项的不同以及专长技能的不同，建立较为复杂的决策机制。

8.4 财务以及清算漏洞风险

对于合伙制企业经营过程中出现的诸多漏洞，最严重的，最容易引起法律纠纷的就是财务方面。因此，订立合理的财务制度，完善企业财务会计制度，是合伙制企业的重中之重。无论是初创的企业，还是比较成熟的企业要对会计准则达成协议，而且找可靠的会计人员担任这一工作。

杜绝财务漏洞，对合伙制企业来说是极其重要的事情。因为站在债权人的角度，参与合伙并出任合伙人时，必将对企业债权人的合法权益构成重大影响。其实，不只是合伙企业，就在普通的企业中，很多企业已将股东的投资风险，通过制度合理地转嫁给债权人。并明确规定，企业的独立人格和股东有限责任，为企业股东提供了一种有限责任的风险机制。企业债权人为什么会愿意为股东的风险埋单呢？之所以这样做是因为股东承诺尊重企业的独立人格，但在现实生活中股东滥用权钱的现象非常普遍。

为避免这种现象，当出任合伙人时必须在协议中明确两点。

（1）企业必须以其全部财产对合伙债务承担无限连带责任。

这就在企业财产之上增添了新的普通债权担保，并且与企业自身的一般债权人之债权实现无先后顺序之分。如果企业全部财产不足以清偿对企业一般债权人和合伙企业债权人的债务，即按比例清偿，那么企业的债权人所可能得到的清偿比例必然下降。

（2）不得随意请求分割企业财产。

根据《合伙企业法》的规定，合伙人在合伙企业清算前，不得请求分割合伙企业的财产。合伙人向非合伙人的第三人转让其在合伙企业的财产份额时，须经其他合伙人的一致同意。如果企业欲用其投入合伙企业的财产向企业的债权人清偿债务，将可能遭遇很大的障碍。这实际上缩减了可供企业向其债权人清偿债务的财产范围。因此，企业成为普通合伙人对企业一般债权人的债权实现极为不利。

合伙清算是指合伙人退伙，或者企业散伙后，对企业财产进行分割的一种处理方式。按规定，有合伙人退出，或在合伙企业解散后，应当对所属财产进行清算，并通知和公告债权人。清算人由全体合伙人担任，未能由全体合伙人担任清算人的，经全体合伙人过半数同意，可以自合伙企业解散后 15 日内指定一名或者数名合伙人，或者委托第三人。

合伙企业财产清偿流程具体如下：按照合伙企业所欠税款、合伙企业债务的顺序清偿，即合伙企业所欠招用的职工工资和劳动保险费用；在按上述顺序清偿后，合伙企业财产仍有剩余的，再行按照约定比例或者法定比例分配给合伙人。

在这个过程中，有两点需要注意。

（1）个人合伙的清算只能自行进行清算，不像有限责任企业可由法院主持进行破产清算，因此很多时候有剩余合伙资产却因为合伙人不和而无法进行最后的自我清算。合伙清算通常有两种类型。

一是合伙人或合伙人同意的第三人对合伙企业组织清算的，为普通清算，又称为一般清算。

二是合伙人不组织清算或无法组织清算时，由法定机构指定清算的，为特别清算，又称强制清算。

（2）个人合伙清算要建立在完整的财务账册基础之上，如果没有财务账册，个人合伙清算难以实现，则个人合伙投资的财产在最后清算中可能无法得到最有效的保障。

此外，合伙制企业还应该在清算方面做好协议的准备，一旦合伙制企业散伙或者破产，那么清算就成为了一个涉及法律的大问题，处理不好，很可能会发生法律风险。

8.5 隐名合伙的法律风险

在合伙制企业合伙人中，有种特殊的形式——隐名合伙。隐名合伙产生的隐名合伙人，顾名思义就是“隐藏着的合伙人”。这类合伙人在西方，尤其是大陆法系国家非常多，法律对其权利和义务也均有明文规定。

那么，什么是隐名合伙，按照法律上的条文解释是指，当事人一方对另一方的生产、经营出资，分享企业的营业利益，并且以出资额为限来承担亏损责任，但是却不参加实际的经营活动的合伙形式。隐名合伙的特征如图 8 –2 所示。

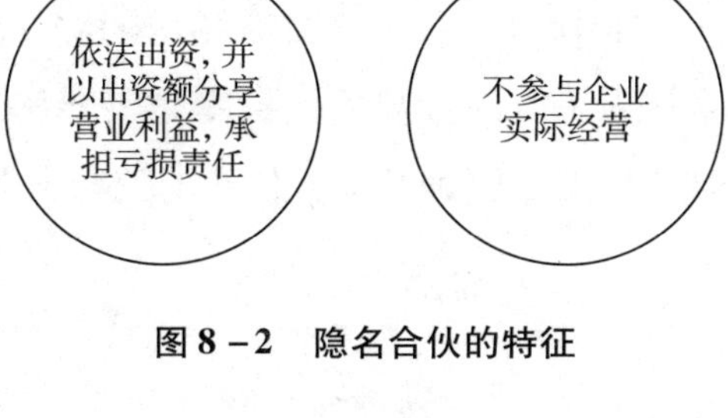

图 8 –2　隐名合伙的特征

不同国家对隐名合伙的认识存在差异，下面是德国、日本相关法律中对隐名合伙的不同解释，反映了立法者对隐名合伙的不同认识。

一是主体立法模式，即：将隐名合伙作为企业的组织形态之一加以规范。如《德国商法典》在第二编“企业和隐名合伙”中单列一章规定了隐名合伙，把隐名合伙与无限企业、两合企业并列，把隐名合伙作为一种独立的商事主体加以规范。

二是合同立法模式，即：把隐名合伙作为合同加以规范。如《日本商法典》第三编第四章第 535 条规定，“隐名合伙合同，因当事人约定一方为对方的营业出资，分享其营业所得利益而发生其效力。”与该章并列的是买卖、交互计算、居间营业、行纪营业、承揽运输业、运输营业、寄托、保险等商业行为。该章还对隐名合伙人的出资、姓名或商号使用的许诺、盈余分配、契约的解除、契约终止的原因、契约终止的后果等事项作出了规定。

隐名合伙人并不出现在合伙制企业登记中，这类合伙人所有的权利和义务都通过与出名合伙人之间的协议来确定。因此，双方之间的约定就显得非常重要。隐名合伙制企业应当注意以下几个问题，以免引发相关的法律风险。

（1）隐名合伙人通常不实际参与公司的经营管理。这是因为隐名合伙人只是单纯的投资者，其承担的责任为有限责任，若其参与到经营管理中，这种合伙人往往会滥用权利，为此造成的信用风险会很高。

（2）隐名合伙人不能以劳务出资，出资形式必须仅限于财产。隐名合伙人不参与经营管理，因此其不具备以劳务出资的条件，必要时要规定隐名合伙人必须以资金出资。

（3）隐名合伙人在合伙制企业中不具有相应的法律地位，因此当公司出现亏损时，其他合伙人不得因公司亏损披露隐名合伙人。企业应该主张隐名合伙人在隐名合伙协议中明确其他合伙人的保密义务。

8.6 享有利润和亏损负担的对等

合伙制企业的合伙人享有的权利和承担的责任是对等的。很多企业对于利润如何分配有约定，但是对于亏损的承担却没有明确。根据相对应的原则，一旦出现亏损，各合伙人应当按照利润分配的比例来承担损失。

具体可按照以下方式承担：普通合伙人对合伙企业债务承担无限连带责任，有限合伙人以其认缴的出资额为限对合伙企业债务承担责任。有限合伙企业实现了企业管理权和出资权的分离，可以结合企业管理方和资金方的优势。

根据《合伙企业法》的规定，普通合伙人与有限合伙人在企业债务的责任承担上有所不同，如表 8 - 1 所示。

表 8 - 1　普通合伙人与有限合伙人的区别

普通合伙人与有限合伙人的区别	
企业债务的责任承担不同	有限合伙企业由普通合伙人和有限合伙人组成，普通合伙人对合伙企业债务承担无限连带责任，有限合伙人以其认缴的出资额为限对合伙企业债务承担责任。可以看出，普通合伙人对企业债务的承担范围要大于有限合伙人
与本企业交易权限不同	除合伙协议另有约定或者经全体合伙人一致同意外，普通合伙人不得同本合伙企业进行交易。而有限合伙人可以同本有限合伙企业进行交易。因此，在关联交易方面，法律允许有限合伙人与本企业进行交易

续表

普通合伙人与有限合伙人的区别	
竞业禁止不同	有限合伙人可以自营或者同他人合作经营与本有限合伙企业相竞争的业务；但是，合伙协议另有约定的除外。可以看出，法律允许有限合伙人从事与本企业相竞争的业务
财产份额出质不同	普通合伙人以其在合伙企业中的财产份额出质的，须经其他合伙人一致同意；未经其他合伙人一致同意，其行为无效，由此给善意第三人造成损失的，由行为人依法承担赔偿责任。而有限合伙人可以将其在有限合伙企业中的财产份额出质
财产份额转让不同	除合伙协议另有约定外，普通合伙人向合伙人以外的人转让其在合伙企业中的全部或者部分财产份额时，须经其他合伙人一致同意；而有限合伙人可以按照合伙协议的约定向合伙人以外的人转让其在有限合伙企业中的财产份额，但应当提前30日通知其他合伙人。可以看出，除合伙协议另有约定外，普通合伙人向合伙人以外的人转让财产份额时，须经其他合伙人"一致同意"，而有限合伙人转让时，仅需要按照规定进行"通知"
财产出资类型不同	普通合伙人可以用货币、实物、知识产权、土地使用权或者其他财产权利出资，也可以用劳务出资；而有限合伙人不得以劳务出资

另外，原则上，我国法律不允许以出资额为限承担责任的有限合伙存在。但在实践中，一方面有大量的资金想通过合伙的方式实现投资，另一方面合伙制企业也的确需要更多的资金来运转。所以，有限合伙在客观上有一定需求，会出现有限合伙这种情况。值得注意的是在签订具体的协议时，应以符合法律规定为前提，不得违法，否则视为无效。

案例

失地农民张某，手中有一笔失地补偿费。为了使这笔补偿费能保值增值，而又不愿意承受任何风险，于是便在2005年7月与被告李某签订了一份只提供资金却不担风险的合伙造船协议。该协议约定，由原告张某向被告李某提供100000元作为投资款，被告李某提供场地和技术进行船舶建造。张某不参与管理，也不承担任何风险，只是在一年后由被告归还其100000元投资及利润20000元。2006年，由于原材料价格暴涨及所建造的船舶不符合买家的建造要求，该船舶建造陷入停工，出现了巨额损失。

2007 年 5 月，原告张某向被告李某催收 100000 元投资及利润 20000 元，李某称船舶建造是两人合伙，合伙出现亏损张某也应承担，张某不但要不回来 120000 元投资及利润，还应按比例承担两人合伙期间的债务。张某称两人在订立合伙协议时，就已经约定其不承担任何风险。两人因此发生争执，张某一气之下于 2007 年 7 月将李某告上了法庭。

但法院没有接受张某的诉求，并做出了协议无效的决定。法院的判决结果如下：原、被告之间产生的纠纷属于民间借贷纠纷。法院应判决被告返还原告的借款 100000 元；合伙协议被确认无效后，原告在本案中也存在一定的过错，应承担利息损失。

原来按照协议约定，原告张某只提供资金，不承担船舶建造过程中的亏损，不参与盈余分配，不符合法律规定的关于个人合伙的基本特征，违反《民法通则》关于民事主体在民事法律关系中权利义务对等原则，它们之间的关系不属于个人合伙。原告张某向被告李某提供资金，不管李某如何建造船舶，约定一年后均要归还本金及利润，他们之间的关系形成了债权债务法律关系，原告是债权人，被告是债务人。

第9章

初创企业、中小企业的合伙之道

合伙，已经成为企业生存与发展的重要战略之一，在大型的企业或知名企业已经得到了验证。其实，这种战略也非常适合初创企业、中小企业，只不过这些企业由于在资金链、发展规模、商业模式上与大型企业存在差异，具体的合伙上也有很多特殊性。

9.1 初创阶段，合伙人比商业模式更重要

商业模式是个很玄幻的东西，即使那些著名的管理大师也很难讲明白它到底是个什么样子。可以说，每个成功的企业背后都有一套成功商业模式在支撑。它的实现需要借助强大的平台，把企业运行的内外各要素整合起来，形成一个完整的、高效率的具有独特核心竞争系统。

初创企业、中小企业根本没有条件支撑一个成熟商业模式的运行，从这个角度看，初创企业、中小企业的生存和发展的关键是找合伙人。找对合伙人比找商业模式更重要，或者说成本更低。对于初创、中小企业来讲，如果还在苦苦寻找所谓的商业模式，那就“跑偏”了，即使找到也很难付诸实践，到头来真可能就是竹篮打水一场空。

当然，我们并不是否定商业模式的作用，只不过商业模式需要长期的积累和沉淀才能发挥作用，变现周期也长，不适合初创企业、中小企业的发展阶段。众所周知，初创企业、中小企业资源本身就非常有限，花大量人力、物力、财力去寻找商业模式，而短期内又无法变现，实则上就是资源浪费，没有实现资源的优化配置。初创企业、中小企业最亟需解决的是什么？是资金，是技术，是人才，只要拥有这些马上就可以步入轨道，发展起来。

因此，对初创企业、中小企业来说，解决生存与发展是第一要务就是

寻找合伙人。在解决了是否应该找合伙人的问题之后，接下来就是知道要找什么样的人。并不是什么样的人都适合企业，只有适合的才是最好的。那么，应该找那些角色的合伙人呢？这需要根据初创企业、中小企业的团队构建特性来定。

初创团队，或企业早期的团队所设定的角色不宜过多，关键是抓住核心的、关键的职位，优先确立下来。核心的、关键的职位一般来讲有5个（见图9－1）：

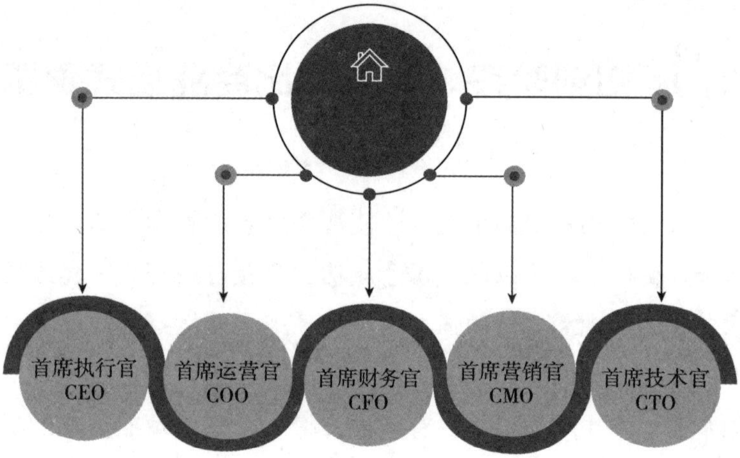

图9－1　初创团队职位

1. 首席执行官（CEO）

全体员工的大boss，负责公司所有事物。负责制订公司战略、雇用和建立高层团队、对于公司的总体经营拥有最终决定权。

2. 首席运营官（COO）

负责公司的日常管理工作。对公司各部门，各个环节的运营细节进行管理，保证公司项目、业务的顺利展开，以及对工作的成果进行衡量、判断和考核。

3. 首席财务官（CFO）

负责公司的财务工作。对公司的财产进行管理，包括制订预算、财务战略，建立支撑公司正常运营的财务控制系统。

4. 首席营销官（CMO）

负责公司的营销工作。制定营销战略和销售战略，监督战略的实施。对市场进行调研，渠道定位开发，提高产品销量，提高消费者对产品的消费满意度。

5. 首席技术官（CTO）

负责公司的技术管理。技术创新，技术研究，保证技术与公司战略的融合，对产品的研发和销售提供技术支持。

创业者，或中小企业老板需要快速成长，找到一位与自己不同、能够实现互补的合伙人就变得极为重要。每一家创业公司都是一个小世界，在自我的矛盾斗争中不断成长。创始人和合伙人是一家公司的主角，他们往往主导着公司的未来发展走向。

值得注意的是，确立这些职位之后，还需要让职位和各成员的长处一一对应起来，按照每个人的技术水平来分配职责。千万不可大家简单一商量，凭着平时的关系，或者个人喜好随便定下来，要保证必须真的能够胜任。

9.2 找合伙人，优先找熟人资源

找合伙人先找自己的熟人，这个观点如果在成熟的大企业，可能有点不合理。但在初创企业、中小企业中这绝对是真理。在你艰苦卓绝创业，企业打不开市场之时，如果身边都没有家人、同学、朋友、同事、老乡作为合伙人的话，那是非常不靠谱的。因为只有熟人才有可能不计回报地帮你，试想一下，如果随便打个电话，聊几次天，找个人，人家对你不知根不知底，就愿意跟你，那一定是有问题的。相反，熟悉你的人，了解你的人，愿意与你共患难才是认真的。

新东方的俞敏洪刚创业时，有个奇怪的团队：二老。一老是老同学，老同学就是徐小平和王强；二老是老妈、老婆。在创建初期，俞敏洪老妈、老婆就是合伙人，尽管这样说有点牵强，但确实是有合伙人的味道。

在选择合伙人上大多数人都采取以下4种方法：a. 杀熟 b. 熟人二度推荐 c. 直聘或招聘（去招聘网站发职位）d. 守株待兔（基本不可能）。前两种是最容易实现的；直聘和招聘也可以尝试，但对于初创企业、中小企业来讲绝对不占优势；守株待兔更是小概率事件，不要相信桃园三结义这种事，刘备卖个草鞋就遇到了卖枣的关羽，然后又拉了土豪张飞入伙打天下，这样的童话故事现实生活中没有。

因此，我们可以总结出，初创企业、中小企业选择合伙人的原则。具体有以下 3 个，如图 9－2 所示。

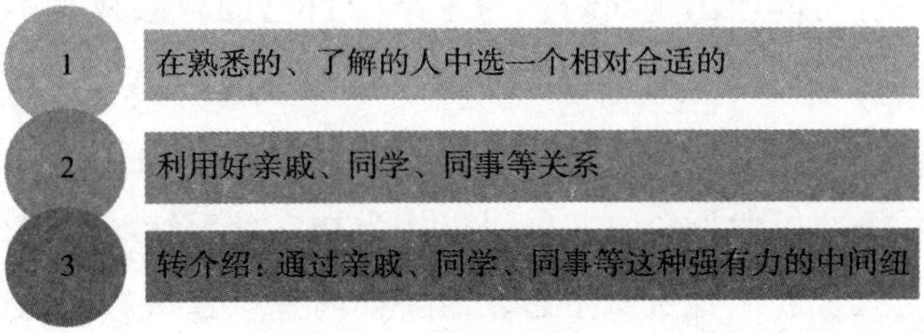

图 9－2　合伙人选择方法

当然，与熟人做合伙有利也有弊，最大的弊端就是因为关系太熟，很多事情用情感代替了原则。

安徽某玉器厂是宋某与自己的妹夫程某各投资 10 万元合伙开办的，合伙租用几间厂房，招了十几位工人，从事玉器打磨、加工手镯、项链等装饰品。

由于玉石剔透晶莹，装饰品精致灵巧，价格实惠，很受女士欢迎，销售行情一路看好。工人待遇优厚，干劲十足，所以开工不久工厂生产呈现勃勃生机、蒸蒸日上之势。程某负责生产方面的事物，而宋某负责材料采购及销售市场的开发工作。一开始两人配合相当默契，以至于许多人都羡慕不已。

然而，遗憾的是半年后，程某竟隐瞒产品数量，宋某挪用销售款，两人之间逐渐产生矛盾，最后竟达到了不可调和的地步。最后程某将价值几十万元的材料全部卷走，自己独自办了一家新厂。宋某多次追讨自己的合法资产，但程某始终消极对待，一拖再拖，内心根本没有补偿宋某损失的诚意。宋某一纸诉状将妹夫告上法院，但因开始合作时没有完备的手续，诉讼缺乏法律依据。最后因碍于亲戚关系，宋某也就不了了之。这样一折腾，给宋某造成巨大的经济损失和沉重的精神压力。此后，双方关系僵化，如此至亲基本没有再来往过。

这是一个典型的与熟人合伙做生意，最后出现纠纷的案例。这个案例也给我们一个深刻的启示：熟人合伙要谨慎。其实，这并非个案，在现实生活中这样事例比比皆是，轻则分家，重则两败俱伤。

熟人之间也可能会出现纠纷，为了维护自己的合法权益不受侵犯，合伙前需要签订合伙协议，完备法律手续。切不可因为熟人，就认为只要进行口头承诺，不需要书面文字依据，这就大错特错。有了法律的保障，一旦因客观实际需要拆股拆资时，就可以按当初完备手续约定进行处理。

那么，与熟人合伙合伙做生意，需要如何签订合伙协议呢？

1. 明确个人投资方式及金额数量

首先，在双方有合作诚意后决定投资时，要将每个人投资方式（如是现金还是实物等）、投资金额的多少要用文字书面记录说明。其实这就表明了自己投资股份的多少，也为日后拆资留下依据。

2. 明确双方职责及责任处罚

以书面文字记录在合伙做生意时，各自应该履行的职责，也相当于工作职务分工，有监督但不能无礼横加干涉。每个人要认真各司其职，各负其责。如若违反应该受到相应的处罚。有文字依据，按规矩办事，就不会出现推诿、扯皮等现象。

3. 利润分配问题

对于生意利润的分配方案更要白纸黑字，明白在先。是均分还是按股份多少分配，亦或是其他分配方案。都要形成书面文字，免得以后含糊不清，分配不一，产生矛盾与隔阂。应该说这一点至关重要，有许多合办企业矛盾产生原因究其原因大多是利益分配不均所致，当引以为戒。

4. 账务的监督管理

账务监督管理包括三个部分，一是厂房固定资产的适当管理、定期清理，要做到一清二楚；二是产品材料及成品等实物数量的登记、核销，要清楚明了；三是销售额及支出金额的管理，要有一本明明白白的帐，双方定时清查核算，以便帐帐清楚，发现问题及时整改纠正，当追责的要追责，避免因小失大。

5. 关于拆资的处理措施

当经营中遇到一方因故需要拆资时，应该怎么处理，也要事先商量好记录在案。比如根据时间的长短固定资产耗旧折算问题，根据拆资方金额数量另一方支付方式问题，还有未销售出去的成品金额折算等等，这些都应该事先考虑周到，免得日后生出麻烦。

需要注意的是，法律是解决问题的办法，但不是唯一办法。签订协议是用来促和的，不是用来拆台的。很多时候我们选择与熟人合伙，看重的还是情义和情分。因此，遇到什么事情，双方都应该彼此尊重、信任，以和为贵，千万不可动辄对簿公堂。

9.3 初创、中小企业避免与哪些人合伙

初创企业、中小企业在发展的过程中，确实急需很多合伙人，各个层面的，甚至越多越好。但这并不代表谁都可以合作。由于企业正处于一个比较特殊，比较敏感的阶段，有些人是需要坚决拒之门外的。那么，哪些人不是合适的选择对象？主要有以下 4 类（图 9－3）：

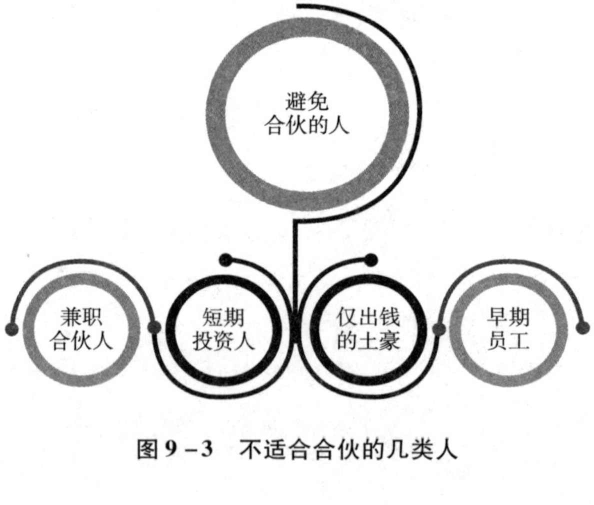

图 9－3　不适合合伙的几类人

1. 兼职合伙人

兼职合伙人是目前合伙人非常多的一种类型，尤其是互联网领域相关

的。他们的初衷是既想继续拿着原企业的高薪，又想得到额外的收入，从一些创业公司、中小公司拿点股份。

这样的合伙人客观上讲是不错的，也许资金雄厚，也许技术精湛，也许有其他资源，至少可以解企业刚刚起步时的燃眉之急，可能还能解决一大部分问题。但从长期来讲对企业的发展极为不利，因为随着公司的发展，他们参与公司的业务越来越少，甚至就不参与了。入股公司发展的不错，却可以每年享受分红，以后上市了轻轻松松就成为千万富翁、甚至是亿万富翁。

因此，对于初创、中小企业来讲，避免花大价钱只请了个短期顾问。这样做得不偿失，搞不好还闹得内部心理不平衡。那对于这种人，做好的合伙方式就是支付一定的报酬。如果创业初期资金不太宽裕的话，可以发放很少量的期权，而非实股。

2. 短期投资者

很多创业者，中小企业业主，常常因企业各种各样的资源紧张，包括资金、关系、客户资源、供应商资源等等，非常渴望得到一个救世主，这时如果有个救世主似的人物出现在，可以提供资源，甚至打通关系，很多人就会失去理智，宁愿以股权作为回报，分分钟就给了对方。

这种情况表面上是雪中送炭，其实并非想象的那么美好。暂时不说他们手中的资源、人脉质量，能否对企业发展起到支持作用，仅仅是这类合伙人的心态就值得担忧，因为这类人做的是生意，是交易，并不是与你同甘共苦创业，陪你一直向前走的人。他们要的是更多的利益，你提供的利益一旦满足不了对方，对方便会停止合伙，到时候就是吃了哑巴亏，请神容易送神难。

因此，对于只是承诺投入短期资源，但不全职参与创业的短期投资者，要优先考虑项目提成，谈利益合作，一事一结，而不是通过股权长期深度绑定。

3. 仅出钱的土豪

初创公司、中小企业遇到资金的问题非常普遍，因此，有的人就想单纯地寻找一位资金上的合伙人。并豪言有了钱就什么都有了，谁出钱就给谁 50% 股权。

A 创业时候由于需要启动资金 100 万元。在与几个合伙人筹措后还差 50 万。因此便向土豪朋友 B 求助，B 早期投资了十几套房，现在高位套现，手上持有大把的现金。

当 A 把这件事说给 B 听的时候，没想到，B 很快就答应了，两人一起喝着小酒就把这事情定下来了。B 出钱 50 万元，不参与公司的任何经营，获取 50% 的股份。

三杯入肚，A、B 第二天就去工商局登记，B 占 50%，A 的创业团队占 50%。可是，随着公司的发展，A 心里有些不平衡了，有钱的房哥什么都不干可以获得 50% 的收益，而拼命干活的创业团队同样获利 50%。更严重的是还影响到了后期的风险投资，对方调研后发现这个公司是一个土豪说了算纷纷表示不敢投了。

上述案例告诉我们，创业不能唯资金至上，资金只是创业的一个方面，任何时候都不能认为只要有资金，就可以有一切。而且，在股权分配上，仅出钱的合伙人不能拥有绝对控股权。在创业过程中，为了获取资金支持可以接受一部分只出资，不参与企业经营管理的天使投资人合伙人。但一定要与创业团队区分开来，所占股权不能超过 15%。出钱的投资人只出钱不出力，创业团队既出钱（少量钱）又出力，创业团队理所当然应该比天使投资人的高，这样才合理，才是创业投资的逻辑。

4. 早期的普通员工

初创公司为了激励员工，常常会给跟随自己创业的员工每人发一定额度的股份。这样做似乎很人性化，但效果不一定好，需要谨慎操作。因为大多数普通员工并非最佳合伙人，他们关注的也许就是自己的工资，对股权的价值缺乏认识，或根本就不看重。再加上，早期员工的流动性比较大，而员工股权的管理成本很高，对方一旦离职造成的损失也很大。

事实上，已经有很多事实证明，对于初创期企业而言，给早期普通员工股权，其激励作用非常很有限，甚至有的员工可能因为分配不均而与你分手。因此，在公司发展初具规模、业务明朗了之后再考虑普通员工层面的股权激励。创业初期的股权价值很高，不能随便分配，应该用在真正可以为企业未来创造价值的核心员工身上。

9.4 初创、中小企业找不到合伙人的 3 个原因

初创企业、中小企业常常会陷入一个怪圈：找不到合伙人。找不到合伙人原因有很多，有客观的，有主观的，但经调查发现绝大多数还是主观原因居多。初创人没有意识，没诚意，不够主动，个人魅力不够等。初创企业、中小企业不像大企业，本身吸引力就不够，如果作为企业的掌舵人再不主动的话，找到好合伙人真是难上加难。

初创、中小企业找不到合伙人的原因主要表现在 3 个方面，这 3 个原因分别是没有意识，没有胸怀，缺乏个人魅力。

1. 没有意识

即初创人没有意识到合伙人的重要性。很多人都知道雷军的小米，达到百亿美元销售，百亿美元估值，是发展最快的公司；也知道马云的阿里巴巴作为电商巨头，美国上市，遍布国内外市场；但是没有意识到这都是合伙的结果。一个企业，无论大小，一定要有联合团队，否则你就是孤军奋战，就像真正的打仗一样，孤军奋战必败无疑。正如真格基金徐小平所说的那样，“你从出发的那一天起就没有同盟军，就没有伙伴，就没有跟你同生共死的，一起爬雪山、过草地的伙伴。这非常糟糕，也非常可怕。”

纵观那些失败的企业，或者是做得非常艰难的企业，绝大部分都有共同的特点：那就是他们的团队中只有创始人一个老大，没有老二、老三，没有两位数以上的合伙人。创业者一定要有与人合伙的意识，这是创始人必须具备的首要素质，没有之一。

2. 没有胸怀

有些创始人之所以没有合伙人，不是没有意识，而是没有胸怀。他们希望得到合伙人的欲望非常强，但就是容纳不下别人，怕对方拿了钱跑了怎么办，拿了股权不干活怎么办，利益分配不均怎么办？

这就是没有胸怀，觉得跟人家分享自己就很受伤，很吃亏。其实，反过来想自己这些问题，找合伙人找的是一起干的，一起分担的人，你拿 51 的股份给人家 49，或者 70 的股份给人家 30，不是在占便宜吗？如果要把 100% 控制在手里为什么还要找合伙人？所以这是胸怀的问题。这个胸怀也是决定创业者能否成功的关键因素。一个不懂得与人分享的人，同样不会有人愿意与他分担责任和风险。

3. 缺乏个人魅力

还有些创始人有意识，有胸怀，愿意分享，但就是缺乏个人魅力，无法把合伙人招揽到麾下。许多人说，我的合伙人非常认可我的项目，说来说去就是不愿意合伙。这是什么原因？很大程度上就是个人魅力的缺乏，对方不信任你，认为跟你干意义不大。

我们找合伙人，一般都是找有钱，有才，或者有一定资源的人。这些人本身就位高权重，有高职位、高收入，在原公司也许还有期权、股票等。对方的入伙就意味着要放弃这些，你有什么本事让对方心甘情愿放弃，来转投你？全凭个人影响力。也就是说，你不具备创业者应具备的素质，没有超强的个人魅力，对方就认为不值得合伙。

综上所述，这些原因都是大多数人经常犯的一些错误，或通过努力可以改善的。因此，从另一个角度看也是好事情，正因为简单，要改起来也非常容易。关键是要矫正意识、转变思想观念，真真正正地敞开胸怀，接纳来自不同行业，不同领域的人才。

9.5 初创、中小企业合伙最易出现的 3 大问题

创业是个高风险行业，而合伙创业无疑又将这种风险提高了一个级别。合伙创业的过程中可能出现多种多样的问题，尤其是钱、权、外部资本的侵入等问题最为集中。这三个问题任何一个问题处理不好，对初创、中小企业来讲都是致命的。

1. 钱的问题

钱的问题本质上就是股权问题。股权纠纷常常导致企业分崩离析、合伙人散伙。众人皆知的西少爷、首席娱乐官、泡面吧、罗辑思维等惨剧都是源于股权问题。西少爷联合创始人孟兵、宋鑫、罗高景之间因为股权分配问题分家；首席娱乐官获得融资之际，两位创始人因“四六开”的股权闹到公众号停止运营；泡面吧在 A 轮融资快要完成前股权大战，甚至演变为创始人强行删除产品代码、产品停滞；“罗辑思维”的两位创始人罗振宇与申音因股权分配不均而分手。

纵观这些案例，合伙人之间的矛盾基本上都是在围绕在钱（股权）上，尤其是创始人与联合创始人意见相左时。在创业初期，或企业发展初期，创业者对于股权、利益等方面的处置是天然的“空白”，诸多签署的早期文件和合同都缺少合理的法律保障，导致在创业之初就埋下了爆发的

伏笔。

2. 控制权问题

这个问题是由第一个问题引发的连锁反应，一旦股权出现了问题，势必导致控制权转移。由股权问题延伸出来的控制权问题也是合伙企业中存在的重要隐患之一。创始人和合伙人谁都想当 CEO，谁都想当企业的实际掌控人。真功夫家族之争，拉勾网副总裁辞职事件、豆果网朱虹孕期被开等事件，尽管争论的焦点有所不同，但都有控制权之争的影子。

最典型的是北京油通科技有限公司创始人和合伙人互相指责事件。

北京油通科技有限公司（简称：油通）成立于 2014 年 3 月，是一家面向车主的 O2O 加油站，其主要业务为线上加油业务，通过微信公众号、App，为车主提供“预充值加油卡”服务。车主可在线上充值，加油时通过手机支付，简单便捷，并可享受相关优惠。

然而，距离公司成立还不到两年便传出了停止运营噩耗。2015 年 12 月公司发布公告称，因公司管理团队与资本方无法达成经营思路的统一，该公司将停止运营。

事实上，这件事远没有结束，在之后的几个月中，该公司陷入“罗生门”事件，即创始人范庆河与合伙人 CEO 喻凯的口水战中。范称：公司倒闭是因为合伙人偷走公章，以及投资方的不信任和阻拦，并撰文《我的狗血新年：公司倒闭，合伙人偷走公章，投资人追债》。这一言论一出，立刻遭到喻的回击：项目失败的原因在于二人经营理念的冲突，自己也没有偷公章。同样发文《我的狗血新年（二）：公司倒闭，合伙人竟污蔑我挪公款》进行回击。

3. 资本黑手

外部资本的冲击也是影响初创企业、中小企业能否平稳、稳健发展的主要因素。因为一旦有了外部资本介入，就意味着资本要和创业公司共担风险、分享红利，资本为自身利益着想，插手公司内部事务。A 站 CEO 频繁更换就是最好的例子。

A 站是 AcFun 弹幕视频网的简称，成立于 2007 年 6 月，是中国最早的弹幕视频网站，逐步发展出基于原生内容二次创作的完整生态，以高质量互动弹幕内容为特色，累积了大量 80 后、90 后、二次元核心用户。

A 站成立至今仅 9 年的时间，却经历了 6 次高层动荡，甚至有网友调侃，“管理层比新番更新还快”。

资料显示，2010 年前后，A 站创始人以 400 万元将 AcFun 卖给了现任斗鱼 CEO 陈少杰，陈少杰拟将 A 站整改成游戏视频网站，并引入直播，但这与资本方产生矛盾。随后，A 站又被卖给后来的掌权者杨鑫森。

2014 年，A 站获得奥飞动漫的投资，但却遭到了优酷土豆侵权的起诉，导致其三名高管被逮捕，掀起了一波离职潮。2015 年 6 月，A 站获得来自优酷土豆的 5000 万美元投资，此时 CEO 为孙旻。

2016 年 1 月，A 站宣布获得软银中国 6000 万美元投资后，莫然取代孙旻担任 CEO。如今不到半年的时间，莫然离职，总编辑刘炎焱出任 CEO。

资本的注入不但没有给 A 站带来更多的资源和发展机会，反而造成高层动荡，内耗不断。随着弹幕逐渐在视频网站上普及开来，A 站的突出特色变得不再那么明显。另一方面 A 站的版权问题和盈利问题悬而未决，内忧外患注定 A 站的发展之路不再平坦。

不难发现，A 站的领导层换血多是在每次获得融资后出现的。业内人士认为，A 站高层动荡频发，很大程度是其背后三股资本力量博弈所致，即奥飞动漫、合一集团以及软银中国。

出现这些问题的原因主要在于创业具有很大的不确定性，创业者的适应能力也不一样，以及初创企业的制度缺陷。创业的不确定性导致了创业者的期望和目标的不确定，随着企业发展不断遇到各种挑战，个人能力和适应能力的问题会被放大。制度缺陷则导致股权和控制权的纠纷。这都是客观原因，是短期内无法解决的，但我们也不能坐以待毙。为了弥补这些缺陷，就需要创始人有高情商，利用一些好的主观做法尽量减少类似的事件发生。

主要可从两个方面入手：

（1）权、钱要给到位；至少解决其一

合伙人分手无非就是：手中没权，钱没给到位。对于创业公司，中小企业而言，初期是很难盈利的，前景也不够明确，那么靠什么吸引合伙人？其实就是两点，要么放权，要么给股权。即要么多给对方一点决策权，一些信任，努力营造一种愉快的环境，要么就是给高股份，这样即使暂时不盈利也无所谓，因为对方毕竟手握股权心理踏实。有些创始人既想让马儿跑，又不让吃草，这是不可取的。

（2）分手要快刀斩乱麻，好聚好散

“喜欢就在一起，不喜欢就分开，拖着最伤人”，这十分适合创业者和中小企业业主。合伙人难免遇到分歧，遇到分歧很常见，能解决的矛盾必须尽快解决，解决不了的就分开，好聚好散。“人情留一线，日后好相见”，和平分手的合伙人走了还能处处维护原公司的名誉和利益，撕破脸皮闹得人尽皆知的分手不但折了自己的名声还损害公司的利益。

9.6 初创、中小合伙企业的 3 大股结构

股权，是股票持有者所具有的，与其拥有的股票比例相适应的权益，及承担一定责任的权力。股权越大，代表着持股人在企业中的权力越大，话语权越重，对企业资源，利益拥有绝对的控制权。

因此，股权最大者通常为企业创始人，对企业有绝对的控制权。股权大小取决于股权结构，一般来讲，股权结构大致分为 3 种模式：第一种创始人绝对控股型；第二种创始人相对控股型；第三种创始人不控股型。前两种模式，创始人可对企业实现绝对或基本控制，第三种需要采用一些方法和技巧实现对企业的控制。

1. 绝对控股型

这种模式创始人一般持股在 2/3 左右，剩下的 1/3 股权分配合伙人和其他成员（员工），具体持股比例如图 9 －4 所示。

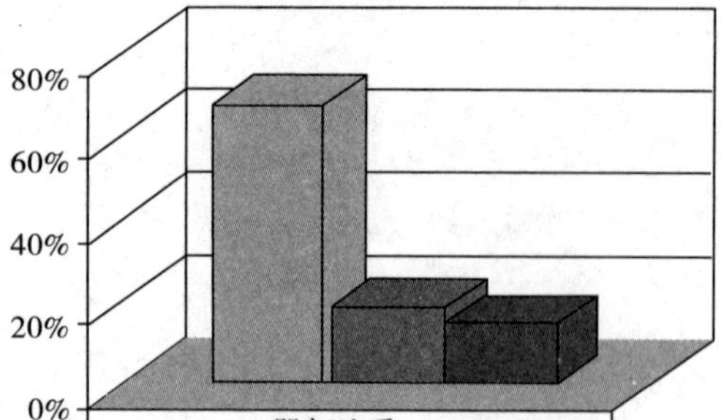

	股权比重
创始人	67%
合伙人	18%
其他成员	15%

图 9-4　绝对控股型股权结构

这种模式适用于团队中创始人投钱最多，能力最突出的情况。企业内部虽然也有民主的形式，但绝对集权。老板可以无所顾忌地做各种决定。董事会、监事会、管理高层、股东大会等等，对大股东一点掣肘作用都没有。所谓的民主，就是老板集思广益的形式，只有老板一个人能够左右企业。

2. 相对控股型

相对控股型股权结构，创始人与合伙人、其他成员的股份为五五开，或稍有偏差。这种模式的股权理想的分配方式通常为：创始人 51% 的股权，合伙人 34% 的股权，团队其他成员（员工）占 15% 股权（图 9-5）。

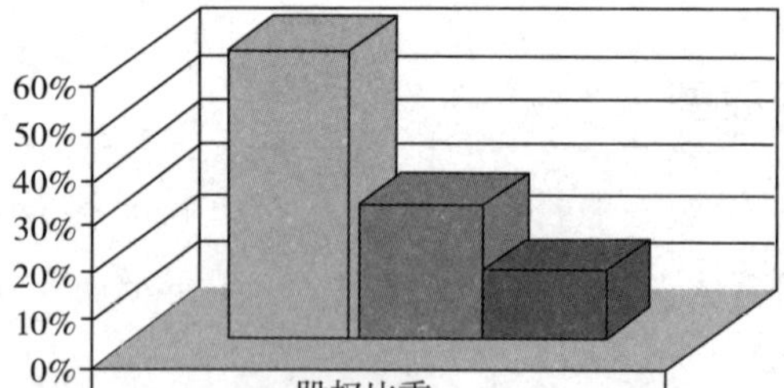

	股权比重
创始人	51%
合伙人	34%
其他成员	15%

图 9-5　相对控股型股权结构

这种模式下创始人基本可以掌控企业，除了增资、解散核算、破产清算、更改章程等重大事件不能自己拍板外，其他事务都基本掌控。

3. 不控股型

这种模式的股权分配：创始人34%的股权，给合伙人51%的股权，团队其他成员（员工）股权占15%（图9-6）。

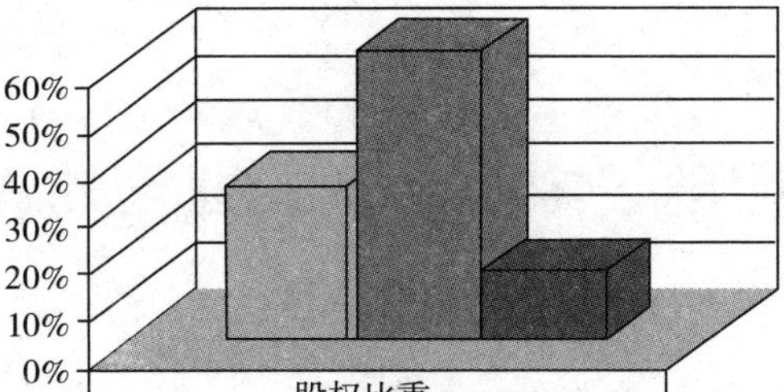

	股权比重
创始人	34%
合伙人	51%
其他成员	15%

图9-6　不控股型股权结构

创始人不控制型是典型的合伙企业，这也是大多数合伙企业采取的一种股权模式。这类模式合伙人能力互补，每个合伙人都是企业大咖，可最大限度的激发团队通力合作。创始人只在战略方面有优势，股权上则相对不多，有利于企业管理实行民主；创始人虽然有优先发言权，但不能随心所欲地独自做各种决定。董事会、监事会、管理高层、股东大会等对老板有很强的制约作用。

9.7 初创、中小合伙企业创始人实现控制权

上节提到，创始人不控制型是典型的合伙企业，事实上目前大多数企业采用的是创始人“不控股型”股权结构，并且多使用“融资稀释股权”增资方式。

那么，这会不会导致创始人失去对公司的控制呢？毕竟手中的股权少了，稀释了股权也释了兵权，致使企业悖离创始人的意愿，发生了劣币驱除良币的事儿。

这种可能是有的，但这不是绝对的，并不是说只有控股才能控制公司，不控股的老板也能控制公司。据统计，有很多做得比较好的大企业，创始人所占股份平均也就 20% 左右。比如腾讯上市之后，马化腾只有 20% 的股权，阿里巴巴上市，马云只有 7.8%，而这些公司的控制权都没有出问题。

可见，持股少的创始人并不意味着没有控制权，根据公司法的相关规定，当创始人持股较少时，可以提供以下几种方式实现对公司的控制权。

1. 委托

这里的委托指的是投票权，即投资人把投票权委托给创始人，投资人只有股权而没有行使权。比如京东，京东在上市之前，刘强东的股份其实

已经稀释到很少。为了绝对控制权，京东对后来的投资人设置了前提条件：即要把投票权委托写好。这样一来，刘强东虽然只有 20% 的股份，但却有很大比例的投票权。

2. 协议

这个做法重在发挥董事会的作用，所有的合伙人、投资人实现约定，签订协议，企业所有的事情要必须先在董事会内形成一致意见。如果无法形成一致意见，就要以创始人意见为主。

3. 持股平台

即建立一个中间型的平台，可以把合伙人、员工的股份放在持股平台上。而这个平台由创始人自己掌控。实施上这部分股权还在创始人手中，因为有限合伙企业分为普通合伙人和有限合伙人。普通合伙人即使只持有万分之一的股份，在这个持股平台里面的股份也能全都由他行使股权，可以代理有限合伙人的权利。

4. 双重股权结构

简单理解就是设置不同的投票权，将股权和投票权分离。如合伙人、或外部投资人，一股只有一个投票权，但创始团队一股可以有 10 个投票权，甚至更多。

附录一　合伙制企业典型案例

案例1　小米：七个联合创始人的创业

在互联网浪潮中，纵观所有创业成功的企业，小米是个特殊的存在。这家成立于2010年4月的新型互联网企业，是一家专注于智能产品自主研发的企业，短短的几年间创造了很多神话。

不仅仅是业务量的快速增长，爆炸式的崛起之势，在业界的地位日益重要等。更是因为所做的事，做事的风格、流程，甚至气质都是开创性的。最大的不同点就是企业的运营模式：合伙制。这也标志着合伙制企业在我国的实际运用中的成功。随之很多企业也开始进入了合伙制模式。

小米企业是由七个联合创始人共同缔造的，七个联合创始人分别来自不同企业、不同领域，如微软、谷歌、摩托罗拉等，是典型的“多文化”的融合。这七个合伙人都是行业的顶尖人才，他们合为一个团队后各司其职，互为补充，在小米这个相对宽松、自由的工作平台上，自己的聪明才智得到了最大限度的发挥。

小米公司由雷军创办，他是董事长兼CEO。有六名联合创始人，分别为联合创始人总裁林斌，联合创始人副总裁黎万强、周光平、黄江吉、刘德、洪锋等。他们的简介及其分工如表附录1－1所示。

表附录1-1　小米公司联合合伙人简介及职责

姓名	曾任职务	现任职务	主管工作
雷军	金山公司北京开发部经理、金山公司总经理	小米科技创始人，董事长	全面主管公司的管理和运营
林斌	微软公司软件开发师、微软亚洲工程院工程总监、谷歌中国工程研究院副院长，工程总监	小米公司总裁	全面主管公司的管理和运营
周光平	美国摩托罗拉手机总部核心设计组核心专家、摩托罗拉北京研发中心总工程师及高级总监	小米科技副总裁	小米手机是一款定位在“发烧”专业人群的顶级智能手机，由联合创始人兼副总裁周光平、刘德和黎万强负责
刘德	北京 New Edge 设计有限公司创始人兼首席设计师	小米科技副总裁	负责工业设计及供应链管理团队
黎万强	金山设计总监、金山词霸总经理	小米科技副总裁	负责在 Android 基础上优化开发的主程序操作系统；同时黄江吉也进行辅助
黄江吉	微软中国工程院开发总监	小米科技副总裁	负责搭建工程团队，带头研发，还要负责工程师的招聘工作，甚至还作为“米聊小秘书”，充当了米聊这一产品刚发布时整整一周唯一的全勤客服
洪峰	甲骨文公司首席工程师、Google 美国高级软件工程师、Google 中国搜索产品经理	小米科技副总裁	机器人开发，被誉为小米的机器人之父

从表附录1-1中可以看出，小米走的是一条以董事长兼CEO雷军与总裁林斌为双核心的，其他五个联合合伙人为主要框架的经营模式。除了雷军、林斌这两个双核之心外，其他五人可以说是各有所长，各自负责自己最擅长的工作。其中，周光平长于硬件、刘德长于工业设计、黎万强长于用户界面和人机交互、黄江吉长于软件工程、洪锋长于移动互联网应用研发和产品设计，各个合伙人之间形成了一个完美的链条，小米公司合伙

人之间的链条具体如图附录1－1所示。

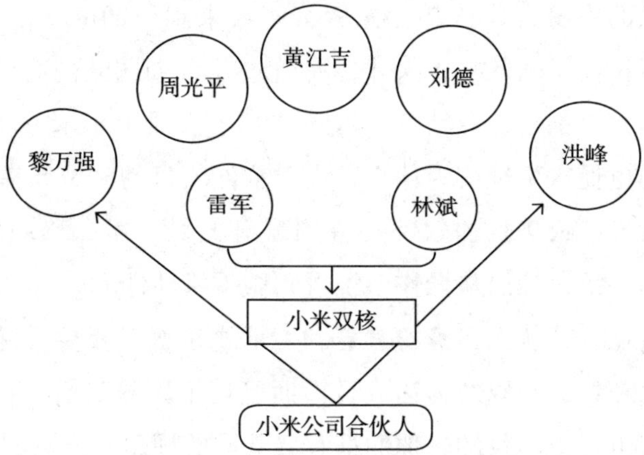

图附录1－1　小米公司合伙人之间的链条

小米公司成立初期，主要集中在三项业务上，这三项业务基本上由几个合伙人包揽，且分工明确，部分项目上会有重叠，具体如表附录1－2所示：

表附录1－2　小米合伙人分工与协作

业务	项目	负责人
1	MIUI，基于Android的ROM，即在Android基础上优化开发的主程序操作系统	黎万强、黄江吉负责
2	小米手机是小米公司的主要业务，一款定位在"发烧"专业人群的顶级智能手机	周光平、刘德、黎万强负责
3	米聊，一款基于移动互联网的跨平台即时通信应用	洪锋、黄江吉负责

在外界看来，小米最成功的地方，就是能调配的资源、最擅长做的事。其实，从本质上讲，这是一种企业经营模式，也就是我们所说的合伙制。小米将合伙制这种模式的优势发挥到了极致。

小米的合伙人模式造就了一支高效的团队。那么，这支团队是如何建立起来的呢？这就涉及到了合伙人的选择，我们不妨从雷军的几个寻求合伙人的故事来看。

雷军决定组建小米团队之初，80%的时间都在招合伙人，幸运的是，他找到了自己的终身合作伙伴。先后有多人来到他的麾下，有来自金山、谷歌、摩托罗拉、微软的技术人才，有管过几百人团队的高管，其经验与学识都极其丰富，都是业界精英，后来这几个人成了小米公司的骨干。这样一班人马，也使人更理解为什么首先以软件项目的“豪华阵容”夺人耳目，他们先从自己最擅长的软件（应用）开始做，做完移动应用看情况，再开始做操作系统，然后从操作系统再到做手机硬件。

合伙做企业，合伙人自身的素养和专业水准极其重要，除此之外还需要共同的理念和目标，以及为达成目标而坚持不懈的热情。在小米的合伙人当中，这点也是更可贵的，他们都有着共同的理念，充满创业热情。

如洪锋，每天高强度工作之后不去睡觉，利用休息时间窝在会议室里鼓捣机器人玩；黎万强加班重新成了家常便饭，甚至还创造过43小时不睡觉的纪录；黄江吉曾任微软中国工程院开发总监，加盟到小米后，不仅负责搭建工程团队，带头研发，还要负责工程师的招聘工作，甚至还作为“米聊小秘书”，充当了米聊这一产品刚发布时整整一周唯一的全勤客服。

案例 2　阿里巴巴：阿里巴巴的合伙人制度

阿里巴巴在上市前，曾向香港联交所提交一份上市计划，创新性地提出了将引入合伙人制度。据内部人士分析，这一制度可保证阿里巴巴的管理层免受投资者的压力，最大限度地获取短线利润。同时，由于互联网行业瞬息万变，合伙人制度大大保证了营运发展决策权，还可以预防因管理层频繁变动带来的风险。

不过，阿里巴巴的意见并没有被采纳，即使阿里巴巴在香港上市对港交所是巨大诱惑，香港联交所仍然对阿里巴的合伙人制度坚决地说“不”，并且认为，持股 10% 左右的阿里巴巴管理层通过合伙人制度控制公司，违反了“同股同权”原则，不利于对投资者的公平保护。对此，马云回应“我们不在乎在哪里上市，但我们在乎我们上市的地方，必须支持这种开放、创新、承担责任和推崇长期发展的文化”，毅然转道美国上市。

时隔一年，即 2014 年 9 月 8 日，阿里巴巴集团在美国纽约华尔道夫酒店开始上市运作。按照计划，阿里巴巴将于十天后完成路演，19 日正式挂牌交易，届时有望成为全球资本市场上融资规模最大的 IPO。在美上市后，除了超高的人气、亮丽的数据、无限的预期外，最具争议性与话题性的，仍是与众不同的“合伙人制度”。

其实，所谓的合伙制人制度，用马云自己的话说“建立的不是一个利益集团，更不是为了更好控制这家公司的权力机构，而是企业内在动力机制。”

阿里巴巴的合伙人制度最早追溯到 2009 年，阿里巴巴集团的十八名创始人辞去“创始人”身份。当时有媒体报道，“阿里巴巴从创始人制度到合伙人制度的过渡，是阿里巴巴文化和价值体系的一次重要变革和升级。它将使阿里巴巴从一个有组织的商业公司，变成一个有生态思想的社会企业。”

2010 年，阿里巴巴的合伙人制度正式在内部试行，主要集中在阿里巴管理团队层面。当时，阿里巴巴为了选定“合伙人”，制定了严格的规定。据相关人士介绍，阿里巴巴初期的合伙人条件非常宽松，如每年选一次新合伙人，入选后的合伙人并无任期，直至离职或退休为止；人数无最终限制，以保证组织的多样性和可传承性。同时，对于候选人审核条件也非常严格，如须具有管理能力以及认同公司文化；要获得 3/4 以上的现任合伙人同意；必须在阿里巴巴工作 5 年以上，等等。

阿里巴巴选择“合伙人”的基本流程如下：

1. 合伙人基本要求

（1）在阿里巴巴工作 5 年以上，认同阿里巴巴企业文化，有优秀的领导能力，并对公司发展有着积极作用的管理者。

（2）合伙人必须持有公司股份，且有限售要求。

2. 合伙人推荐流程

（1）在任合伙人向合伙委员会提名推荐，并由合伙人委员会审核同意其参加选举。

（2）在一人一票的基础上，超过 75% 的合伙人投票同意其加入。合伙人的选举和罢免无需经过股东大会审议或通过。

3. 合伙形式

赋予合伙人更多的公司事务决策和董事会席位，但不享有公司大部分的股权，可提名阿里巴巴大多数的董事，由股东会投票表决是否通过，若否决，合伙人可另行提名人选，具体如图附录1－2所示。

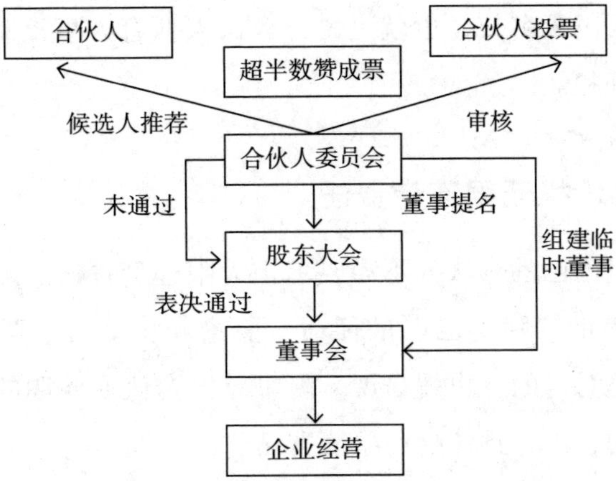

图附录1－2　阿里巴巴的合伙形式

"阿里合伙人"是一种特殊身份，与法律意义上的"普通合伙人"有着本质上的区别。我国法律对"合伙人"有明确的定义，在中国（或其他主要国家）的合伙企业法中，合伙人是指共同出资、共同管理企业，并对企业债务承担无限连带责任的人。也就是说，合伙人既是企业的所有者，也是企业的管理者，还是企业债务和责任不可推卸的责任人。而阿里合伙人是有其特殊性的，实际上阿里巴巴并不是真正的合伙制企业，它只是在公司制的框架下引入了合伙人制的管理方式。集中表现在以下几点：

1. 阿里巴巴合伙人不等同于股东

根据阿里巴巴集团在招股说明书中的描述可以发现，阿里巴巴合伙人的身份并不等同于股东，尽管阿里巴巴合伙人也持有公司一定数额的股份，但是要在 60 岁时退休或在离开阿里巴巴时才有，这与只要持有公司股份就能保持股东身份的合伙人不同。

2. 阿里巴巴的合伙人身份也不等同于公司董事

按照招股说明书的规定，阿里巴巴集团内部，董事会拥有极高的权力，而阿里巴巴合伙人会议并没有取代董事会来管理公司，主要权力是董事会成员候选人的提名权。也就是说，合伙人拥有人事控制权，而非公司运营的直接管理权。

3. 不需要承担无限连带责任。

同时，阿里巴巴的合伙人不需要承担无限连带责任。阿里巴巴合伙人的职责是体现和推广阿里巴巴的使命、愿景和价值观。至于财产经济责任，合伙人不是对等的，也就是说，阿里巴巴合伙人履职的责任主要是精神和身份层面的，没有具体财产赔偿责任。

4. 具有提名权而不具有决定权

最具有特色的是“董事提名权”。阿里巴巴的合伙人到底有什么权力？其实就是拥有提名董事会成员候选人的专有权。阿里巴巴的合伙人拥有的仅仅是董事的提名权，而非决定权。根据阿里巴巴的官方资料，虽然合伙人提名的董事，需要得到年度股东大会半数以上的赞同票，才能当选为董事会成员；但是如果阿里巴巴合伙人提名的候选人没有被股东选中，或选中后因任何原因离开董事会，则阿里巴巴合伙人有权指定临时过渡董事来填补空缺，直到下届年度股东大会召开。

不仅如此，阿里的最新招股说明书还阐明：在任何时间，不论因任何原因，当董事会成员人数少于阿里巴巴合伙人所提名的简单多数，阿里巴巴合伙人有权指定不足的董事会成员，以保证董事会成员中简单多数是由合伙人提名。

可见，在阿里巴巴集团，无论合伙人提名的董事股东会是否同意，合伙人总能让自己人行使董事的权利。实质上，阿里巴巴的合伙人已经通过上述程序实际控制了公司半数以上的董事。

正因为有如此特殊的合伙人制度，阿里巴巴才有如此旺盛的生命力。据业内人士分析，阿里巴巴的合伙人制度如果能得以延续，那将能最大程度上令阿里巴巴保持独特的文化和价值观，对未来的长期发展是一大利好。事实也是如此，阿里巴巴多年以来一直坚持称要成为一家生态公司，在电子商务领域持续下沉，以使自身成为电商的“基础设施”，而电商有关的各种产业都由社会化大分工来完成。为此，数次调整企业架构，试图建立生态化的组织思想和文化。如 2015 年年初，阿里巴巴将公司调整成立 25 个事业部，分别由各事业部总裁（总经理）负责。

案例3　万科：以事业合伙人代替职业经理人

在传统企业“互联网化”的过程中，万科真正做到了从思想上改造自己，这是对源头的改造，是彻底的改造。具体的方案就是消灭职业经理人，打造“事业合伙人”制度。

职业经理人是传统企业中一种重要的用人模式。职业经理人通常为企业高层管理的中坚人才，全面负责企业的经营管理活动，承担着增加企业经济收入，财产保值增值责任，对法人财产拥有绝对经营权和管理权，在相当长的一段时期内，对企业的发展起着重要支撑作用。

尽管职业经理人承担的很多，能力很出众，但他们与企业的关系仍是被雇佣和雇佣的关系。因此，职业经理人可以共创、共享，但缺乏共担的意识和精神。简单地说，就是高级打工者。企业发展顺利时可以创业、干事、共富贵，但很少能共患难，尤其是一旦企业遭遇巨大的行业风险，职业经理人则难以依靠。因为大多数职业经理人头脑中有根深蒂固的观念，即我只是“打工的”。在这种传统里，工作就像走流程一样，讲究的是边界清晰、权责分明、责任到位，员工不会无限期地为企业付出，一个部门也不会关心另外一个部门的事情。即使少数职业经理人责任感、使命感十分强，鉴于与企业的雇佣关系，危难之际也存在“危机时期的离心现象”。

职业经理人制度导致“专业主义”盛行，从而阻碍了企业的发展。被另一种制度即事业合伙人取而代之，是时代发展的要求，甚至是历史的必然。事业合伙人兼具了职业经理人角色和风险共担的功能，如图附录1-3所示。

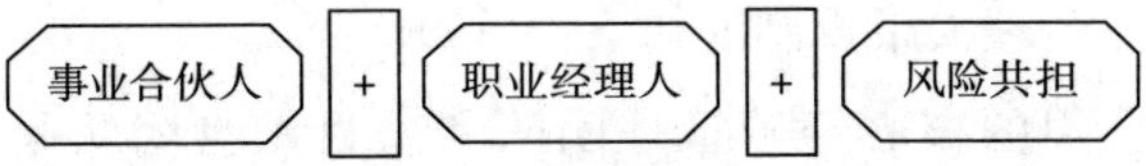

图附录1-3　事业合伙人制度

阿里、腾讯、华为，以及国外的黑石、凯雷等企业都已经开始实行合伙制，万科，作为传统企业的代表也在不断寻求转型。对此，万科总裁郁亮感触颇深，他在先后拜访国内外多家新型企业后，发现阿里、腾讯、小米这样的互联网企业，在管理上看似没有什么规则，甚至有些混乱，但效率极高。从此，他愈发相信" 混乱会产生秩序，而稳定则带来死亡"，尤其是对小米模式更加推崇。

对于传统企业来讲，走合伙人的道路并非像新型企业那样容易，因为在传统企业内部已经形成了稳固的、完善的职业经理人制度。现在再向合伙企业学习走合伙人模式，就相当于推到重来。当然，万科走了一条特殊的道路，它没有推倒重来，而是在原有的职业经理人的基础上，利用原有的优势资源寻求转型。作为万科的职业经理人不仅拥有股票，也拥有内在的项目。万科把企业作为一个内部孵化平台，让职业经理人变成一个内部的创业者。

这种情况，在国外同样存在不少，如硅谷的创业家们、华尔街的新金融家们其实也都大多是职业经理人身份，为适应发展，都在积极推动职业经理人制度向更融合的“利益相关者”转变。

万科的做法则是打造“事业合伙人”，通过股票跟投和项目跟投的方式，将打工者（职业经理人）变成自己人。所谓“跟投”是职业经理人对于所做项目、合作所在公司，用自己的真金白银投下去，给出一个“愿意捆绑在一起”的承诺，同时可享受工作收益（薪资）、项目收益（项目跟投分红）和股权收益（股票分红）。其实，这样一来，职业经理人的身份就随着利益的转变发生了变化，转变为企业的合伙人，成为公司的管理者。当利益有了捆绑，在新机制的驱动下，职业经理人的那套制度就有可能被打破，企业组织结构也可从金字塔式的变得扁平化。

万科的职业经理人跟投制度如下：

万科一线公司的核心经营管理团队和项目操盘团队是必须参与跟投的，起投资金一般不少于 20 万元。项目层面所有参与者必须跟投，起投资金不少于 5 ~ 10 万元，项目收益一般设定 20% 的回报率。

由于有超高的收益，万科九成以上的一线公司员工都参与了跟投。据万科首席人力资源官陈玮透露，2015 年 8 月万科一线人员累计跟投 92 个项目，共有 2.7 万人申请跟投，其中 6600 人申请成功，认购资金达 17 亿元，累计为员工分红 5 亿元，员工收益率达 29.4%，其中一线城市跟投回报率甚至达到 70%。

后来郁亮又在跟投制度的基础上继续深化，提出“事业合伙人 2.0，3.0 版本”，将项目跟投扩大化，将产业链上下游也变成合作伙伴，建立新型房地产生态系统。在他的设想中，如果施工单位也成为事业合伙人，偷工减料的问题是否就能从根源上得到杜绝，工程质量得以保证。房地产本身是个资金密集型行业，如果买地时资金方面引入合伙人制度，成本也能大大减轻。

万科的跟投制度不仅仅是增加了员工的收入，更重要的是从根本上改变了自身的性质，尤其是组织结构上的转变，由过去传统的金字塔结构逐步向去中心化、扁平化结构转变。

万科的转型为什么会成功？在这里“首先是信任文化，合伙人制度要有‘背靠背的信任’。第二是建立协同性，基于利益的一致才有互相支持配合的协同性。”有了这些，万科才可以超越短期绩效，向成为健康组织的方向靠拢。

案例 4 海尔：企业平台化，员工创客化

合伙制本质上就是提倡员工从企业中分离出来，企业由原来的全方位管控转变为在背后默默地支持，为员工的独立发展提供一个公平竞争的环境，一个施展才学的平台。

海尔就是这样的企业，在雇佣制日渐没落，不再适应互联网时代企业发展要求时积极寻求转型。在海尔创业 29 周年纪念会上，张瑞敏讲了题为《企业平台化、员工创客化、用户个性化》的讲话："今天是咱们海尔的创业纪念日，今天我在这主要讲的，还是去年创业纪念日上所讲的目标，即是三个"无"的目标：第一个是企业无边界；第二个是管理无领导；第三个是供应链无尺度。"

同时，他多次强调这三个"无"很重要，标志着海尔在互联网时代要转型，到底怎么样转型升级，就是围绕这三个方面去做。

我们来详细了解一下这三个方面。

1. 企业无边界体现的观念：开放交互

企业无边界体现的就是开放交互。开放交互体现观念的改变：从原来封闭的体系，变成一个开放的体系；从原来与企业内外各方面进行博弈的关系，变成一个交互的关系。

所谓从封闭到开放，就是从过去企业不管干什么，首先是要看到底有多大的能力，有多大的能力就干多大的事；但现在，可能我不会对外介绍我有多少个博士，或者我有多少研发人员，而是像《宏观维基经济学》说的，世界就是我的研发中心，这就是我的人力资源管理方式。

所谓的交互，过去可能不是交互而是博弈。所谓博弈，比如对供应商可能是博弈，主要是价格博弈，谁便宜我就要谁的；对用户更多是促销的博弈，怎么通过促销宣传，使你相信我的产品（因为信息不对称，谁说的多谁可能就会得到用户的青睐）；对于员工来讲，博弈可能更多的是控制，怎样通过控制员工来加强企业的发展。所以，首先需要转变观念，从博弈转变到交互，现在需要和各个方面都要进行交互，通过交互来增加价值。

2. 管理无领导体现的观念：人人创客

管理无领导体现的就是人人创客，让员工创客化。所谓的创客，像美国作家安德森在他那本书《创客》里定义的，就是使数字制造和个性制造结合、合作，即“创客运动”。其实每个人都可以成为创业家，每个人都可以创业。过去做不到，但是现在可以了，因为现在有了互联网，有了数字制造，可以通过开源的软件、开源的硬件，可以通过 3D 打印，可以通过很多方法来实现，每个人都可以通过互联网成为创业家。

3. 供应链无尺度体现的观念：中心转换

所谓中心转换，是指过去是以企业为中心，现在是以用户为中心。这个关系其实就是企业、员工、用户的关系。作为企业来讲最重要的两部分人，内部是员工，外部是用户。首先是由供应链无尺度来驱动企业的改变，因为如果没有用户的个性化，不需要企业改变，和过去一样就可以了。但是因为有了用户的个性化需求，企业必须改变，企业的结构必须从层级化变成网络化、平台化。

企业改变之后，给谁提供一个平台呢？给员工提供一个平台，员工在这个平台上进行创业。而员工创业的目标又是谁呢？是用户，这又满足了用户的个性化需求。最后，用户驱动企业，企业为员工提供平台，员工为用户提供需求，然后又回到了企业，企业再来改变，形成一个良性循环。

案例5　华为：实行获取分享制，实现整体效益提升

利益机制的变革最容易引起企业的动荡，尤其是人才的流失，优秀人才永远都是企业最宝贵的资源，也是企业与企业竞争的焦点。因此，利益激励的变革做法不当就会使优秀人才渐渐远去，给企业造成难以估量的损失。从这个角度来看，利益的分配方式从根本上反映着企业的管理体制。

华为的转型正是从利益机制的变革做起的，其实施的获取分享制意味着已经由雇佣制向合伙制转型。之所以这样说，是因为这一制度牢牢抓住了合伙人的心，不仅体现了“以客户为中心，以奋斗者为本”的企业文化，也为企业的不断发展奠定坚实的人才基础。

关于华为的“获取分享制”，华为的高管在各种场合不遗余力地宣传着。最初被提出是在2011年的一次高管内部讨论会上，第二次是任正非在一次人力资源工作汇报会上的讲话中。

“获取分享制”这一机制产生的背景是源于传统企业中高管、中层和基层之间的利益分享不均。任正非认为，我们不仅要重视金字塔塔尖那部分人的利益，还要重视金字塔基座那部分人的利益，甚至每一个角落的人都要关注到。从事基础性工作的员工应该有社会可比性的收入待遇，如果总是拉高顶端，容易产生内部矛盾。华为绝不允许形成两个对立的群体，而是要保证所有人都能分享到公司的未来收益，尤其是优秀的基层员工。

只有这样才能形成更强大的战斗力，万众一心，实现整体效益的提升。

华为“获取分享制”是指使任何组织、个人的物质回报都来自于其创造的价值和业绩，作战部门（团队）根据经营结果获取奖金，后台支撑部门（团队）通过为作战部门提供服务分享奖金。按照任正非的话说就是“获取分享制，要有包容性而不是压榨性，要包容客户、员工的利益，也要包容资本的利益，包容各种要素（如知识产权）的利益，这个机制就能永久生存下来”。

从上述这段话中可以看出，华为的获取分享制的目的和精髓，是价值的再分配，是劳动和资本的合伙制，具体表现就是员工持股（员工持股计划属于一种特殊的分享机制，是为了吸引、保留和激励公司员工，通过让员工持有股票，使员工享有剩余索取权的利益分享机制和拥有经营决策权的参与机制）。分配方式是通过设置劳动所得（包括 TUP/工资/奖金/福利等收入）与资本投入所得（指虚拟受限股收入的分配比例）来实现，具体的计算方法需要根据企业的实际情况而定。

具体计算方法如下：

第一种：固定比例法

即公司根据成功达到目标的情况决定一个百分比，把这一百分比的税前或税后年利润作为利润分享的奖金。

第二种：比例升级法

使用比例升级法来代替固定比例法。例如，公司可以决定，800 万美元以内的利润，3% 用于利润分享；超过 800 万的利润，6% 用于利润分享。比例升级法的好处在于可以通过增加分享比例的办法，激励员工为超额利润目标而努力。

第三种：获利界限法

是指只有在利润超过事先定好的最低标准并且低于最高标准的时候才进行利润分享。公司建立最低标准是为了在把利润分给员工之前保证公司对股东的回报。建立最高标准是为公司创造超过该标准的利润的因素不是员工生产力或创造力，而是诸如技术革新这类因素。

其实，获取分享制并不是华为独创，早先碧桂园推行的“成就共享”机制，采取的也是类似的做法：采取超额利润分享制，设定占用集团资本回报率要求，超额部分的相当比例归业务团队所有。

那么，我们该如何理解“获取分享制”这一制度呢？可以从以下几个层面入手。

1）强化后台对前台一线的支撑力度，加强前后台岗位配合和流程效率提升，实现前后台业绩挂钩；

2）增加薪酬弹性，将员工利益与个人价值实现和贡献产出合理衔接，提高激励的有效性；

3）体现公司整体对客户需求的满足和客户体验的达成为导向；

4）实行“自下而上”的物质激励方式，倾向对基层业务单元的直接激励。

“获取分享制”的优缺点也十分突出：优点是有利于员工和公司双方；缺点是如果利润分享计划占直接薪酬的比例较大时，员工很难预测自己的收入，可能削弱员工的经济保障，对公司而言可能造成人才流失。

案例6　高盛：最早的合伙人制度的践行者

遥想2006年底，一场次贷危机搅翻了美国整个华尔街，受损最严重是几家知名投行。在这场危机中倒下的有贝尔斯登、美林、雷曼兄弟……同是投行的高盛也岌岌可危。

这几天，在位于百老汇大街85号高盛总部大楼的办公室里，首席财务官大卫·维尼亚一直在召集各部门主管，紧急召开以“抵押风险”为主题的会议。为了减轻此次大危机对公司的冲击，高盛启用了公司的风险管理模式。据说，平均每天要收集2.5万个数据来风险测试，当次级债风险尚未充分暴露时，风险控制系统已发出了预警信号。

财务官大卫·维尼亚也在时刻关注着各个数据，在与其他主管共同仔细查看了整个投资组合后，当即决定采取卖空对冲策略以防房地产价格下降。会后，高盛陆续减持抵押贷款相关债券，并同时购买高额的保险。

事后证明，此举不仅让高盛避免了受牵连崩盘的灾难，而且还让它成为华尔街满目疮痍中唯一的亮点。后来，有媒体采访高盛董事长兼CEO劳埃德·布兰克费恩，在被问及有何经验可以传授时，他多次这样表示。“我们只是运气比较好。”当然，这个回答没有多少人会当真。

高盛，作为一家有着百年经营史，由早先业务量少，并经常在多项投资和决策中因失误付出高昂代价的家族企业，最终能发展成世界上最著名的投资银行和现代金融业巨头，不可能光靠运气。仅仅一场次贷危机就可以说明问题，同是投行的贝尔斯登倒下了、美林倒下了、雷曼兄弟倒下了，摩根士丹利在苦苦支撑，唯独高盛快速增长、逆势上扬。这是为什么？

答案可从高盛内部人士和众多专家的解读中看寻找。《高盛帝国》作者查尔斯·埃利斯认为：高盛在50年间能从一个小而普通的公司变成一个庞大和优秀的公司，原因在于它长时间延续了“一荣俱荣、一损俱损”紧密协作的合伙人制度。由此他将这本“高盛史记”命名为“合伙制：高盛是怎样炼成的（The Partnership：The Making of Goldman Sachs）”，中文译名为《高盛帝国》。

前任高盛副总裁里莎·埃迪里奇在《高盛文化：华尔街最有名的投资银行》（去年最新版被译为《高盛：最后的赢家》）一书中，将高盛的崛起和成功归结为三个强大支柱：领导层、职员和公司文化。

在李德林所写的《干掉一切对手——看高盛如何算赢世界》中，高盛则被解读为一个操控者、一个阴谋者、一个有着狼子野心的主宰者。还有观点认为，是高盛较为保守的企业文化和敏锐的风险预警机制成就了高盛。

提到高盛的风险控制系统不得不多提提，它在这次次贷危机中发挥重要作用。这个系统初建于1995年，核心是内部监管委员会。每周三召开电话会议，检查公司所有大的风险项目，包括市场风险、操作、信用、新的工具与业务及公司声誉。这个风险管理部门和交易部门是平级的，交易要接受并通过风险管理部门的监控。正如布兰克费恩所称，高盛的风险控制系统是个秘密武器——1100人的风控部门，个个是精英，说话有分量，要你减持绝没商量余地。

其实，无论是高盛领导层、职员，还是公司文化、风险控制系统，这都是高盛转型合伙制的具体体现，它使高盛员工个个忠诚，更有归属感，内部组织结构更趋于合理，更具有对抗外部风险的能力。高盛之所以能从一个小而普通的公司变为一个庞大和优秀公司，在屡次大浪大潮中依然屹立不倒，最原因在于长时间延续了“一荣俱荣、一损俱损”紧密协作的合伙人制度。

投行沿袭合伙人制由来已久，最早可追溯到19世纪末，其中相当一部分创始人是19世纪30、40年代移民到美国的德国犹太人。所罗门兄弟、雷曼兄弟和高盛就是其中的佼佼者。在这些投行里，一到两名合伙人管理着整个公司，这个制度使得少数卓绝的个人成为一个公司乃至一个时代的代表，反映出金融业务基于人际关系和信用的本质与特征。开创高盛合伙人历史的是20世纪前半叶的高盛创始人之一的西德尼·温伯格。

在那个年代，客户的档次决定了投行在业界的地位，而温伯格控制着高盛的绝大部分客户。温伯格在战争年代累积起来的人脉资源使他比任何其他银行家都更了解这些年轻的CEO和高管们，他成为迅速、有效又不张扬地敲定交易的“中介人”，在金融界和整个社会的地位也随之大幅提升。

温伯格从1930至1969年，通过在社会上的地位，自己的强大意志、超凡人格魅力，以及在公司内的威信控制着高盛。他是当时股份最大的合伙人，能独自决定谁能升级为合伙人，并且有权每隔两年调整一次合伙人股份比例，同时还是几十家公司的董事。正如当时一位合伙人所说的：“西德尼·温伯格显然就是高盛。”

温伯格奠定了高盛合伙人的基础，直到今天高盛内部仍有合伙人选拔的优秀传统。合伙人的选拔主要在员工中产生，同时，每位员工也会认真对待此事，会把两年一次的合伙人选拔视为像选总统一样认真，一选就是7个月。毕竟数万名员工都想成为1千多名合伙人中的一员。然后，高盛又会从1千多人中选出300名股东合伙人，而这300人年薪至少在60万美元以上，还可以参与公司分红。

这一机制的特点，很好地保证了所有高盛员工一面努力赚钱，一面对共同利益进行高度监督。因此，高盛的合伙人制度最大的优势就是造就了员工的归属感。归属感是合伙制最大的优点，员工在经年累月的工作中培养出对公司的强烈忠诚感。而成为合伙人意味着终身雇佣，几乎没有人会放弃这一备受尊敬的地位而加入其他公司，合伙人彼此间会参加婚礼和葬礼这样的家庭活动，并在这个“扁平组织”中分享所有信息。在 20 世纪 60 年代连非合伙人的普通职员跳槽也很罕见，挖角几乎是一种不道德的行为。

1999 年，高盛结束其长达 130 年的合伙人制度，改组为上市必需的股份有限公司。事实上，高盛虽然已经结束了合伙制经营，但它却将合伙文化中敏感的风险防范意识很好地继承了下来。如问责制、风险评估管理等相互监督、相互制衡的决策流程仍在发挥着作用，确保对潜在风险全面客观的认识。2006 年年底当维尼亚召集召开紧急会议后，高盛能占得先机，在第一时间撤离房贷市场，成为笑到最后的赢家，再清晰不过地凸显了这一点。

高盛的合伙制度没了，合伙的精髓仍在，这恰恰印证了合伙制的强大潜移默化的作用，它对企业的作用并不在制度本身，而在于是否能够灵活地将其运用到实践中。至今，没有人可以否认，正是合伙人制度这种形式，使得像高盛这样的投资银行在一百多年中，得以将才能最优秀也是流动性最高的业内精英集结在一起，形成了一种独特、稳定而有效的管理架构。

这也给很多正在做企业，或即将合伙制的企业一个启示：我们每天喊着做合伙制，到底做什么？不仅仅是学习其形式，看起来像是那么回事就够了，更重要的是学习其精髓，学习其管理的思路、理念，并灵活运用。

附录二　合伙制企业常用的合同、协议模板

合伙协议范本

合伙协议是规范和约束合伙人之间合作行为的重要法律文件，是合伙企业生存、发展的重要前提。同时也可减少后续不必要的麻烦。

因此，在成立合伙制企业之前，合伙人要签订相关的合伙协议，那么合伙协议通常都包括什么内容呢？如表附录2－1所示。

表附录2－1　合伙投资协议的内容

合伙协议包含的内容	
1	企业的名称、所在地址以及其他基本信息
2	合伙人的姓名、住址、电话等基本信息
3	企业的经营以及设定的存续期限信息
4	企业成立的日期
5	合伙人应当享有的权利和义务
6	合伙人的出资、投资方式
7	合伙人利益分配和受损承担方式
8	合伙人退伙和入伙相关事宜
9	合伙人权益确定方案
10	企业结账日和利润分配时间
11	企业终止以及合伙财产分配
12	其他需经全体合伙人同意的事项

合伙协议范本

合伙人：甲______乙______丙______（其他合伙人按上列项目顺序填写）

合伙人甲：姓名______，性别______，年龄______，住址________________________

合伙人乙：姓名______，性别______，年龄______，住址________________________

(其他合伙人按上列项目顺序填写)

合伙宗旨

即合伙的预期和目的，具体内容省略

合伙经营项目和范围

根据企业生产、经营和销售的项目据实填写

第三条　合伙期限

合伙期限为______年，自______年____月____日起，至______年____月____日止。

第四条　出资（包括出资人的姓名，出资额度、方式以及期限）

1. 合伙人______（姓名）以__________方式出资，计人民币______元。(其他合伙人同上，一一列出，此处省略)

2. 各合伙人的出资，必须于______年____月____日以前交齐，逾期不交或未交齐的，应对应交未交金额数计付银行利息并赔偿由此造成的损失。

3. 本合伙出资共计人民币______元。合伙期间各合伙人的出资为共有财产，不得随意请求分割，合伙终止后，各合伙人的出资仍为个人所有，至时予以返还。

第五条　企业财产份额分配，各合伙人占有企业财产份额为：______。

第五条　权利和义务（包括工资、分红、盈余分配与债务承担等）

1. 奖金分配：企业经营期间，各合伙人工资为____________。随着合伙企业的发展，利润的增加，年底将发放奖金，奖金数额根据收入现状和个人贡献经合伙人会议决定。

2. 盈余分配：盈余是指除去经营成本、日常开支、工资、奖金、需缴纳的税费等之外的收入。对这部分收入的分配则为盈余分配。盈余分配原则将以各合伙人所占企业的财产份额为依据，按比例进行。

3. 债务承担：各合伙人有义务承担在合伙经营过程中产生的一切债务。债务承担原则为合伙财产优先偿还，合伙财产不足以清偿时，以各合伙人占有合伙财产份额额度多少，按比例承担。

第六条　除名退伙、出资（股权）的转让

1. 除名退伙。合伙人有下列情形之一的，经其他所有合伙人一致同意，可以将其除名：

（1）未履行，或完全履行出资义务的

（2）丧失偿债偿还能力的；

（3）因故意或重大过失给组织造成经济损失的；

（4）执行企业事务时有不正当行为的；

（5）有违反本协议第九条之规定的。

注意：对合伙人的除名决议应当以书面形式通知被除名人。被除名人自接到除名通知之日起除名生效。被除名人退伙后，即视为放弃其在该企业中所占有的财产份额，其拥有该财产份额自动归其他合伙人分配，也不再参与本年度企业利润盈余分配。

2. 合伙企业财产份额的转让

合伙期间，未经全体合伙人书面同意，任何合伙人不得随意向第三人转让其在企业中的全部或部分财产份额。如需转让，则要经其他合伙人书面同意，受让人同时也拥有了新合伙人资格，按新入伙成员对待（合伙人以外的第三人受让企业财产份额的，经修改合伙协议即成为企业的合伙人）。

第七条　合伙人的分工和职责（包括合伙会议执行人，合伙事务执行人，内部行政事务执行人和日常经营管理执行人的工作分工和具体内容）

1. 合伙会议执行人及权限

经全体合伙人决定，委托______为合伙会议执行人，其权限为：

（1）召集：合伙人会议由合伙事务执行人______召集和主持，合伙负责人可根据情况需要决定召开合伙人会议。

（2）时间：一般情况下每月一次，具体召开时间由合伙负责人根据情况决定。

（3）表决权：每个合伙人在合伙人会议中均享有表决权，除本协议另有约定外，重大事项决定应由占企业财产份额比例三分之二以上的合伙人同意方可通过，一般事项决定由占企业财产份额比例二分之一以上的合伙人同意即可。

（4）重大事项：须经合伙人会议中占企业财产份额比例三分之二以上的合伙人同意方可通过。

重大事项包括：推举合伙事务执行人；增加、减少经营种类，调整、转换经营项目，扩展业务；对各合伙人占有企业财产份额和利润分配比例进行适当调整。决定企业内部机构设置和财务收支计划；决定企业的经营价格和工资、奖金、福利制度。

（5）其他工作会议。

2. 合伙事务执行人及权限

经全体合伙人决定，委托______为合伙事务执行人，其权限为：

（1）合伙事务执行人每月主持召开一次有各合伙人及企业主管职员参加的工作会议。

（2）召集主持合伙人会议，对企业的重大事项（如扩展业务、调整、转换经营项目等）享有最后的决定权。

（3）对外开展业务，订立合同。

（4）对其他合伙人执行合伙事务的情况进行检查监督，根据合伙人会议决定任免和调整其职务和负责事项。

（5）根据合伙事务执行人的提名任免企业的业务经理，并决定其所应享有的报酬。

（6）根据企业的盈利情况和合伙事务执行人的个人表现，有权对合伙事务执行人占有的企业财产份额和利润分配做出适当调整。

3. 合伙企业内部事务执行人及权限

经全体合伙人决定，委托______担任合伙内部行政事务的负责人，负责企业的内部经营和管理。其权限为：

（1）组织、实施企业中的各种内外部会议。

（2）对企业的日常经营进行全面管理。

（3）制定企业的内部管理制度。

（4）拟定企业的内部机构设置方案和奖惩激励制度。

（5）提请聘任或者解聘企业的业务经理。

（6）审核现金收付凭证和及日常财务开支情况。

（7）合伙人会议授予的其他职权。

4. 合伙企业日常经营和管理执行人及权限

（1）经全体合伙人决定，委托______担任企业的财务、后勤负责人，并协助其他合伙人参与企业的日常经营和管理。

（2）对合伙事务执行人负责，主持企业的日常财务、后勤等工作。

（3）制定企业的财务制度，编制企业的财务收支计划，检查监督财务制度的执行，并及时向其他合伙人通报财务计划执行情况。

（4）督促企业相关部门降低消耗、节约费用，合理使用资金，对企业的年度经营成本和利润进行预测，并形成预测报告，供合伙人会议决策参考。

（5）拟定财务机构设置方案及财务收银人员的的岗位职责。

（6）负责人事档案管理。对相关资料（如人事资料、文件、凭证、账薄、报表）进行整理、收集和立卷归档，并按规定手续报请销毁或存档。

（7）拟订企业经营价格及工资、奖金、福利制度，管理营业发票。

（8）管理企业现金流动及与银行的存兑资金往来，及时核对，保证账目清楚、账实相符。

合伙人会议授予的其他职权。

第八条　合伙人的权利和义务

1. 合伙人的权利：

（1）享受参加合伙人会议，并对合伙事务的执行情况进行监督的权利；

（2）享有和获利益所有权（应以其占有企业财产份额比例或者协议约定所得）；

（3）享有合伙利益自主支配权；

（4）享有随时退伙的权利（经全体合伙人书面同意，合伙人有退伙的权利）。

2. 合伙人的义务：

（1）按照合伙协议的约定，维护企业财产的统一义务。

（2）分担合伙经营损失债务的义务。

（3）为合伙债务承担连带责任的义务。

第九条　禁止行为

1. 未经合伙协议或合伙人会议的授权，禁止任何合伙人私自以企业名义进行规定以外的业务活动，造成的损失由该合伙人个人全额承担。

2. 禁止合伙人经营与合伙项目相似或有竞争的业务，如有违反，造成的损失由该合伙人个人全额承担。

3. 除合伙协议另有约定或者经全体合伙人同意外，合伙人不得与本合伙企业进行交易，如有违反，交易所得利益归企业所有，造成的损失由该合伙人个人全额承担。

4. 合伙人不得从事损害合伙企业利益的其他活动。

第十条　违约责任

1. 合伙人未经其他合伙人一致书面同意私自转让其财产份额的，其他合伙人有权不接纳受让人成为新的合伙人，转让的合伙人可按退伙处理，并赔偿其他合伙人因此而造成的全部损失。

2. 合伙人私自以其在合伙企业中的财产份额出资的，其行为无效，由此给其他合伙人造成损失的，该合伙人承担全部赔偿责任。

3. 合伙人严重违反本协议或因重大过失导致合伙企业解散的，应当对其他合伙人承担赔偿责任。

第十一条　争议解决方式

凡因本协议或与本协议有关的一切争议，合伙人之间应先共同协商，如协商不成，可提交仲裁委员会仲裁。

第十二条　经协商一致，合伙人可以修改本协议或对未尽事宜进行补充约定；补充、修改内容与本协议相冲突的，以补充、修改后的内容为准。

第十三条　本协议一份______页，各合伙人各执______份。

第十四条　本协议经全体合伙人签名、盖章后生效。

全体合伙人签章：

甲方：____________

乙方：____________

丙方：____________

签约时间：______年____月____日

合伙企业章程范本

企业章程，是指依法制定的、规定企业名称、住所、经营范围、经营管理制度等重大事项的基本文件。按照企业法的要求，任何企业的设立都必须先订立企业章程，企业的设立程序以订立章程开始，同时也以设立登记结束。也就是说，没有章程，公司就不能获准成立。就合伙企业而言，企业章程是指由各合伙人共同制定的，载明企业经营和管理活动基本准则，权利和义务的书面文件。是企业设立的最基本条件和最重要的法律文件，是对社会、政府和客户做出的书面保证，也是社会、政府和客户对企业进行监督管理的主要依据。

值得注意的是，合伙企业章程与合伙协议部分条款会有重复，如对出资的规定，合伙人职责的分配，权利与义务，合伙人入股和退出等条款。因此，在介绍合伙企业章程时，与合伙协议重复的条款内容将不再赘述。

合伙企业章程范本

第一章　总 则

第一条　本章程依照《中华人民共和国企业法》和有关法律、法规及地方法律、法规的有关规定，为保障企业合伙人和债权人的合法权益而制定。本章程为企业行为的最高准则。

第二条　企业名称：________________

第三条　企业地址：________________

第四条　企业负责人：________________

第二章　宗旨、经营范围

第五条 企业宗旨：____

第六条 经营范围：____

第三章　合伙人及注册资本：____

第七条　企业注册资本为______元人民币。

第八条　合伙人姓名、出资数额、出资比例、出资方式：

第九条　入股方式

合伙人可以货币、实物、知识产权、土地使用权或者其他财产权利出资，也可以劳务出资。合伙人以货币、实物、知识产权、土地使用权或者其他财产权利出资，评估作价的方式为全体合伙人协商确定（注：也可由全体合伙人委托法定评估机构评估）。合伙人以劳务出资的，其评估办法由全体合伙人协商确定。以非货币财产出资的，依照法律、行政法规的规定，需要办理财产权转移手续的，于______年____月____日前办理。

（注：出资方式必须注明为货币、实物、知识产权、土地使用权、劳务或其他财产权利等）

第四章　合伙人的权利和义务

第十条　合伙人的权利：（与合伙协议内容同）

第十一条　合伙人的义务：（与合伙协议内容同）

第五章　企业财务核算及利润分配。以企业制定的财务制度相关规定为准（参考合伙企业财务制度范本）

第六章　合伙人收益。以企业制定的出资、股权分配合同条款相关规定为准（参考合伙人出资确认书、股权分配合同范本）

第七章　企业的解散和清算

第十二条　企业营业期限为______年，从《企业法人营业执照》签发之日起计算。

第十三条　企业有下列情形之一的，可以解散：

（1）企业章程规定的营业期限届满或者企业章程规定的其他解散事由出现时。

（2）因企业合并、分立、被收购兼并、分立时解散。

（3）企业被依法宣告破产。

（4）企业被依法吊销营业执照。

（5）其他法定事由解散时，应根据《企业法》的规定成立清算组对企业进行清算，清算结束后，清算组应当制作清算报告，报合伙人确认，并报送企业登记机关申请注销登记，公告企业终止。

第十四条 清算组在清算期间行使《企业法》规定的各项职权，并按

《企业法》规定的程序进行。

第八章　附 则

第十五条　本章程未明确规定的，依照国家有关法律、法规办理。

第十六条　本章程正本______份，报送登记机关______份，本企业存档______份。

合伙人签字：

甲方：____________

乙方：____________

丙方：____________

签约时间：______年____月____日

合伙企业财务制度范本

财务制度是企业中必不可少的一项制度，是用来规范企业与各相关业务经济关系的指导总则。一个企业的生存和发展首先必须依赖于完善的财务制度。合伙企业作为企业经营的一种特殊形式，同样需要财务制度来保障，依法建立财务制度，并严格执行，以使各方面管理制度化，规范化。

合伙企业财务制度与常规意义上企业财务制度既有相同之处，又有不同之处。以下整理了合伙企业财务管理制度的几个不同之点，可供参考。

1. 企业各项开支的承担

企业注册成立前各合伙人所花费的费用计入合伙人出资额中，合伙人足额认缴出资。合伙企业依法注册成立后，各项开支计入企业费用，从企业注册资金中支出，合伙人个人不再承担支出费用；企业经营所花费的实际费用按财务制度的规定，由企业财务予以报销，合伙人个人不再承担。

2. 利润的分配

合伙企业利润额度分配是指企业在支出各项费用，依法纳税并提取三金后的纯利润。这部分利润的分配同样隶属于财务制度管辖范围，且与传统企业有很大的不同。通常是按合伙人出资比例进行分配，合伙人的投资逐年以利润分配的方式进行回收，合伙人不得随意撤回投资。利润分配每个会计年度进行一次，如企业经营亏损，则依法进行亏损弥补。

3. 财务会计报告

企业应在每一会计年度终了时制作财务会计报告，由财务会计于每年2月28日之前送交各合伙人，如有亏损，应作亏损原因的详细书面说明。

财务会计报告必须包括下列财务报表及附属明细表：

（1）资产负债表。

（2）损益表。

（3）财务状况变动表。

（4）现金流量表。

（5）财务状况说明书。

（6）债权债务清单。

（7）亏损原因说明书。

合伙企业财务制度的内容主要包括以下 8 个部分：分别为总则、财务工作管理、支票管理、费用报销管理、现金管理、会计档案管理、处罚办法、附则等。参考模板如下。

合伙企业财务制度范本

第一部分 总则

第一条 为加强合伙企业的财务工作，发挥财务在企业经营管理和提高经济效益中的作用，特制定本规定。

第二条 合伙企业财务部门的职能是：

（1）认真贯彻执行国家有关的财务管理制度。

（2）建立健全财务管理的各种规章制度，编制财务计划，加强经营核算管理，反映、分析财务计划的执行情况，检查监督财务纪律。

（3）积极为经营管理服务，促进企业取得较好的经济效益。

（4）严格按照科学、规范、合理的原则使用资金。

（5）合理分配企业收入，及时完成需要上交的税收及管理费用。

（6）对有关机构及财政、税务、银行部门了解，检查财务工作，主动提供有关资料，如实反映情况。

第三条 合伙企业财务部由总会计师、会计、出纳和审计工作人员组成（没有专职总会计师可由会计兼任承担）。

第四条 财务工作岗位职责

1. 总会计师的工作职责：

（1）编制和执行预算、财务收支计划、信贷计划，拟订资金筹措和使用方案，开辟财源，有效地使用资金。

（2）进行成本费用预测、计划、控制、核算、分析和考核，督促本企业有关部门降低消耗、节约费用、提高经济效益。

（3）建立健全经济核算制度，利用财务会计资料进行经济活动分析。

（4）承办企业领导交办的其他工作。

2. 会计的工作职责：

（1）按照国家会计制度的规定，记账、复账、报账，做到手续完备，数字准确，账目清楚，按期报账。

（3）按照经济核算原则，定期检查，分析企业财务、成本和利润的执行情况，挖掘增收节支潜力，考核资金使用效果，及时向总经理提出合理化建议，当好企业参谋。

(4) 妥善保管会计凭证、会计账簿、会计报表和其他会计资料。

(5) 完成总经理或主管副总经理交办的其他工作。

3. 出纳的工作职责：

(1) 认真执行现金管理制度。

(2) 严格执行库存现金限额，超过部分必须及时送存银行，不坐支现金，不认白条抵压现金。

(3) 建立健全现金出纳各种账目，严格审核现金收付凭证。

(4) 严格支票管理制度，编制支票使用手续。使用支票须经总经理签字后，方可生效。

(5) 积极配合银行做好对账、报账工作。

(6) 配合会计做好各种账务处理。

(7) 完成总经理或主管副总经理交办的其他工作。

4. 审计的工作职责：

(1) 认真贯彻执行有关审计管理制度。

(2) 监督企业财务计划的执行、决算、预算外资金收支与财务收支有关的各项经济活动及其经济效益。

(3) 详细核对企业的各项与财务有关的数字、金额、期限、手续等是否准确无误。

(4) 审阅企业的计划资料、合同和其他有关经济资料，以便掌握情况，发现问题，积累证据。

(6) 针对企业财务工作中出现问题产生的原因提出改进建议和措施。

(7) 完成合伙人所负责的部门交办的其他工作。

第二部分　合伙财务工作管理

第五条　会计年度自______起至______止。

第六条　会计凭证、会计账簿、会计报表和其他会计资料必须真实、准确、完整，并符合会计制度的规定。

第七条　财务工作人员办理会计事项必须填制或取得原始凭证，并根据审核的原始凭证编制记账凭证。会计、出纳员记账，都必须在记账凭证上签字。

第八条　财务工作人员应当会同总经理办公室专人定期进行财务清查，保证账簿记录与实物、款项相符。

第九条　财务工作人员应根据账簿记录编制会计报表上报总经理，并报送有关部门。会计报表每月由会计编制并上报一次。会计报表须会计签名或盖章。

第十条　财务工作人员对企业实行会计监督。财务工作人员对不真实、不合法的原始凭证，不予受理；对记载不准确、不完整的原始凭证，予以退回，要求更正、补充。

第十一条　财务工作人员发现账簿记录与实物、款项不符时，应及时向总经理或主管副总经理书面报告，并请求查明原因，做出处理。财务工作人员对上述事项无权自行做出处理。

第十二条　财务工作应当建立内部稽核制度，并做好内部审计。

出纳人员不得兼管稽核、会计档案保管和收入、费用、债权和债务账目的登记工作。

第十三条　财务审计每季一次。审计人员根据审计事项实行审计，并做出审计报告，报送总经理。

第十四条　财务工作人员调动工作或者离职，必须与接管人员办清交接手续。财务工作人员办理交接手续，由总经理办公室主任、主管副总经理监交。

第三部分　支票管理

第十五条　支票由出纳员或指定专人保管。支票使用时须有“支票领用单”，经总经理批准签字，然后将支票按批准金额封头，加盖印章、填写日期、用途、登记号码，领用人在支票领用簿上签字备查。

第十六条　支票付款后凭支票存根，发票由经手人签字、会计核对（购置物品由保管员签字）、总经理审批。填写金额要无误，完成后交出纳人员。出纳员统一编制凭证号，按规定登记银行账号，原支票领用人在

“支票领用单”及登记簿上注销。

第十七条 财务人员月底清账时凭“支票领用单”转应收款，发工资时从领用工资内扣还，当月工资扣还不足，逐月延扣以后的工资，领用人完善报账手续后再作补发工资处理。

第十八条 对于报销时短缺的金额，财务人员要及时催办，到月底按第十七条规定处理。凡一周内收入款项累计超过______元或现金收入超过______元时，会计或出纳人员应文字性报告总经理。凡与企业业务无关款项，不分金额大小由承办人文字性报告总经理。

第十九条 凡______元以上的款项进入银行账户____日内，会计或出纳人员应文字性报告总经理。

第四部分 费用报销管理规定

第二十条 费用报销单书写标准：

第二十一条 明晰费用内容：包括购物日期、某某人去某地某物（型号、特征）用途、数量；相关项目内容，何时何地消费。

第二十二条 正确填写金额：要求书写工整、涂改无效；书写规范、大小需正确书写。

第二十三条 审核：主管意见：先经部门领导签“情况属实”或其他更恰当的批示字样；然后由主管副总签核“同意报销”。签名写全名，并签具日期。

第二十四条 备全费用报销原始单据要求：

具体包括：

1. 必须有企业的抬头，不可以其他名称代替，或开错抬头等。

2. 发票填写必须完整，各户名、日期、摘要、金额、填票人、收款人、供应商名称，“缺”一不可。

3. 必须填定明细，不可以笼统的填写，必要时需附清单，清单须加盖供应商公章或财务章，但发票必须财务专用章或发票专用章。

4. 购买物品，须办理验收手续，发票承办人员与验收人员在发票背面签名，并附上“采购请购单”。

5. 其他要求附件。

第二十五条　按流程送审费用报销：单证齐全，按照企业规定的流程上报，审核，经相关部门和所有合伙人同意方可报销。购材料须有收货人及验收人签名，且附上采购请购单。

第五部分　现金管理

第二十六条　现金使用范围，企业可以在下列范围内使用现金：职员工资、津贴、奖金；个人劳务报酬；出差人员必须携带的差旅费；结算起点以下的零星支出；上级批准的其他开支。

财务人员支付个人款项时，超过使用现金限额的部分，应当以支票支付；确需全额支付现金的，经会计审核，总经理批准后支付现金。

第二十七条　企业固定资产、办公用品、劳保、福利及其他工作用品必须采取转账结算方式，不得使用现金。

第二十八条　日常开支所需库存现金限额为____元。超额部分应存入银行。财务人员支付现金，可以从企业库存现金限额中支付或从银行存款中提取，不得从现金收入中直接支付（即坐支）。因特殊情况确需坐支的，应事先报经总经理批准。

第二十九条　财务人员从银行提取现金，应当填写《现金领用单》，并写明用途和金额，由总经理批准后提取。

第三十条　企业职员因工作需要借用现金，需填写《借款单》，经会计审核；交总经理批准签字后方可借用。超过还款期限即转应收款，在当月工资中扣还。

第三十一条　符合本规定第二十五条的，凭发票、工资单、差旅费单及企业认可的有效报销或领款凭证，经手人签字，会计审核，总经理批准后由出纳支付现金。

第三十二条　发票及报销单经总经理批准后，由会计审核，经手人签字，金额数量无误，填制记账凭证。

第三十三条　工资由财务人员依据企业总要求及各合伙人负责部门每月提供的核发工资资料代理编制职员工资表，交主管副总经理审核，总经理签字，财务人员按时提款，当月发放工资，填制记账凭证，进行账务处理。

第三十四条　差旅费及各种补助单（包括领款单），由部主任签字，会计审核时间、天数无误并报主管副总经理复核后，送总经理签字，填制凭证，交出纳员付款，办理会计核算手续。

第三十五条　无论何种汇款，财务人员都须审核《汇款通知单》，分别由经手人、部主任、总经理签字。会计审核有关凭证。

第三十六条　出纳人员应当建立健全现金账目，逐笔记载现金支付。账目应当日清月结，每日结算，账款相符。

第六部分　会计档案管理

第三十七条　凡本企业的会计凭证、会计账簿、会计报表、会计文件和其他有保存价值的资料，均在归档范围之内。

第三十八条　会计凭证应按月、按编号顺序每月装订成册，标明月份、季度、年起止、号数、单据张数，由会计及有关人员签名盖章（包括制单、审核、记账、主管），由总经理指定专人归档保存，归档前应加以装订。

第三十九条　会计报表应分月、季、年报，按时归档，由指定专人保管，并分类填制目录。

第四十条　会计档案不得携带外出，凡查阅、复制、摘录会计档案，须经总经理批准。

第七部分　处罚办法

第四十一条　出现下列情况之一的，对财务人员予以警告，并处以一定的其他惩罚：

1. 超出规定范围、限额使用现金的或超出核定的库存现金金额留存现金的；

2. 用不符合财务会计制度规定的凭证顶替银行存款或库存现金的；

3. 未经批准，擅自挪用或借用他人资金（包括现金）或支付款项的；

4. 利用账户替其他单位和个人套取现金的；

5. 未经批准坐支或未按批准的坐支范围和限额坐支现金的；

6. 保留账外款项或将企业款项以财务人员个人储蓄方式存入银行的；

7. 违反本规定条款认定应予处罚的。

第四十二条 出现下列情况之一的，财务人员应予解聘。

1. 违反财务制度，造成财务工作严重混乱的；

2. 拒绝提供或提供虚假的会计凭证、账表、文件资料的；

3. 伪造、变造、谎报、毁灭、隐匿会计凭证、会计账簿的；

4. 利用职务便利，非法占有或虚报冒领、骗取企业财物的；

5. 弄虚作假、营私舞弊，非法谋私，泄露秘密及贪污挪用企业款项的；

6. 在工作范围内发生严重失误或者由于玩忽职守致使企业利益遭受损失的；

6. 有其他渎职行为和严重错误，应予以辞退的。

第八部分 附则

第四十三条 本规定由__________负责解释。

第四十四条 本规定自发布之日起生效。

合伙人出资确认书

合伙人出资额确认书

根据《合伙企业法》及本企业的合伙协议，________________（合伙企业名称）全体合伙人出资情况如下：

1. 合伙人______，认缴出资额 ______万元人民币，实缴出资额____万元人民币，以货币方式出资，____年____月____日前一次性缴付。

2. 合伙人______，认缴出资额 ______万元人民币，实缴出资额____万元人民币，以货币方式出资，____年____月____日前一次性缴付。

3. 合伙人______，认缴出资额 ______万元人民币，实缴出资额____万元人民币，以货币方式出资，____年____月____日前一次性缴付。

4. 合伙人______，认缴出资额 ______万元人民币，实缴出资额____万元人民币，以货币方式出资，____年____月____日前一次性缴付。

（根据合伙人数依次而定）

注：合伙人以货币出资的，出资方式为“货币出资”，认缴出资额、实缴出资额列明出资金额；合伙人以非货币财产出资评估作价的，出资方式为“实物、知识产权、土地使用权或其他财产权利”，认缴出资额、实缴出资额应列明估价金额，评估方式为“全体合伙人评估或机构评估”；

合伙人以劳务出资的，出资方式应列明“劳务”，认缴出资额、实缴出资额为全体合伙人对该劳务出资的估价金额，评估方式为“全体合伙人评估”。）

全体合伙人认缴出资 ______万元人民币，实缴出资______万元人民币。

全体合伙人签字或盖章：______年____月____日

合伙人股权分配合同范本

在很多合伙企业中普遍存在着这样一种共识：投资 = 投人 = 投股权架构。可见，股权结构对企业的长远发展有着重要的作用。提到股权架构必然涉及到股权分配，而股权分配与合伙人的利益息息相关，直接决定着合伙企业的生死存亡。

因此，对于合伙企业来说，在合伙之前当务之急是处理好股权分配问题，如以什么形式出资、出资多少，以及如何分配都要明确规定下来，并严格执行。

合伙人股权分配合同范本

合伙人甲：基本信息

合伙人乙：基本信息

合伙人丙：基本信息

第一条　甲、乙、丙因共同投资设立____________有限责任公司（以下简称“公司”）事宜，特在友好协商的基础上，根据《中华人民共和国合同法》、《公司法》等相关法律规定，达成如下协议。拟设立的公司名称、住所、法定代表人、注册资本、经营范围及性质如下。

1. 公司名称：________________________________

2. 地址：________________________________

3. 法定代表人：________________________________

4. 注册资本：________________________________

5. 经营范围：具体以工商部门批准经营的项目为准。

6. 性质：公司是依照《公司法》等相关法律规定成立的有限责任公司。各方以其注册时认缴的出资额为限对公司承担责任。

第二条　合伙人及其出资入股情况

1. 公司由甲、乙、丙共同投资设立，总投资额为______元，包括启动资金和注册资金两部分，其中：启动资金______元。甲方出资______元，占启动资金的______%；乙方出资______元，占启动资金的______%；丙方出资______元，占启动资金的______%；该启动资金主要用于公司前期开支，包括______________等，如有剩余作为公司开业后的流动资金，股东不得撤回。

在公司账户开立前，该启动资金存放于各合伙人共同指定的临时账户（开户行：账号：____________________________），公司开业后，该临时账户内的余款将转入公司账户。各合伙人均应于本协议签订之日起____日内将各应支付的启动资金转入上述临时账户。

注册资金（本）______元。甲方以现金作为出资，出资额______元人民币，占注册资本的______%；乙方以现金作为出资，出资额______元人民币，占注册资本的______%；丙方出资______元，占启动资金的______%。

该注册资本主要用于公司注册时使用，并用于公司开业后的流动资金，股东不得撤回。各合伙人均应于公司账户开立之日起____日内将各应缴纳的注册资金存入公司账户，任一方股东违反上述约定，均应按本协议承担相应的违约责任。

第三条　公司管理及职能分工

1. 公司设（不设）董事会，不设董事会可设执行董事和监事，并注明任期为______年。

2. 明确各合伙人的职能：甲方为公司的______________，负责公司的__________事务，具体职责包括：

（1）____

（2）____

（3）____

乙方为公司的__________，负责公司的__________事务，具体职责包括：

（1）____

（2）____

（3）____

丙方为公司的__________，负责公司的__________事务，具体职责包括：

（1）____

（2）____

（3）____

3. 重大事项的处理办法

公司遇有如下重大事项，须经甲，乙、丙共同决定，达成一致决议后方可进行。对于上述重大事项的决策，各方意见不一致的，在不损害公司利益的原则下，可按如下方式处理：

（1）____

（2）____

（3）____

（4）____

4. 除上述重大事项需要讨论外，甲、乙、丙一致同意，每周进行一次的股东例行会议，对公司上阶段经营情况进行总结，并对公司下阶段的运营进行计划部署。

第四条　资金、财务管理

1. 公司成立前，资金由临时账户统一收支，并由甲、乙、丙共同监管和使用，一方对另一方资金使用有异议的，另一方须给出合理解释，否则一方有权要求另一方赔偿损失。

2. 公司成立后，资金将由开立的公司账户统一收支，财务统一交由甲、乙、丙共同聘任的财务会计人员处理。公司账目应做到日清月结，并及时提供相关报表交甲乙丙方签字认可备案。

第五条　盈亏分配

1. 利润和亏损各方双方按照实缴的出资比例分享和承担。

2. 公司税后利润，在弥补公司前季度亏损，并提取法定公积金（税后利润的______%）后，方可进行股东分红。

3. 股东分红的具体规定为：

（1）分红的时间：____

（2）分红数额：____

（3）公司的法定公积金累计达到公司注册资本______%以上，可不再提取。

第六条　转股或退股的约定

转股：公司成立起______年内，股东不得转让股权。自第______年起，经一方合伙人同意，其他合伙人可进行股权转让，此时未转让方对拟转让股权享有优先受让权。若任一合伙人因将其全部，或部分股权转让另一方的，导致公司性质变更的，转让方应负责办理相应的变更登记等手续，但若因该股权转让违法，导致公司丧失法人资格的，转让方应承担主要责任。

合伙人股权转让协议范本

合伙人在合作的过程中，由于主、客观的原因，总会有人提前退出。当有合伙人退出时，就需要转让其持有的全部股权和利益所得。为了保证整个转让过程合理、合法，不损害到企业和其他合伙人的权益，需要对退货人的退出行为进行规范和约束。

合伙人应该制定好退出协议，约定以什么方式退出，在什么时候退出，以及退出之后股权该怎么分配等。尤其是股权问题上，股权可以按照退伙人的要求转让给第三方，也可以被企业回购，不过回购要在承认退伙人为公司做出贡献的基础上，按照一定价格回购股权。股权转让或回购十分关键，不仅关系到合伙人退伙顺利与否，更关系到一个企业的长久稳定发展。

以下是合伙人股权转让协议书模板。

合伙人股权转让协议书范本

由于______公司合伙人______在______年____月____日离开公司，提出退本股权，特申请办理股权转让协议。

甲方姓名（转让方）：　　　　　乙方姓名（受让方）：

地址：　　　　　地址：

身份证号码：　　　　　身份证号码：

联系方式：　　　　　联系方式：

甲、乙双方根据《中华人民共和国公司法》等法律、法规和__________公司（以下简称该公司）章程的规定，经友好协商，本着平等互利、诚实信用的原则，签订本股权转让协议，以兹双方共同遵守。

第一条　股权的转让

1. 甲方自愿将其持有________公司的______%的股权转让给乙方；

2. 乙方同意接受上述转让的股权；

甲乙双方确定的转让价格为人民币______万元；

4. 甲方保证向乙方转让的股权不存在第三人的请求权，没有设置任何质押，未涉及任何争议及诉讼。

5. 甲方向乙方转让的股权中尚未实际缴纳出资的部分，转让后，由乙方继续履行这部分股权的出资义务。

（注：若本次转让的股权系已缴纳出资的部分，则删去第5款）

6. 本次股权转让完成后，乙方即享受______%的股东权利并承担义务。甲方不再享受相应的合伙人权利和承担义务。

7. 甲方应对该公司及乙方办理相关审批、变更登记等法律手续提供必要协作与配合。

第二条　转让款的支付

（转让款的支付时间、支付方式由转让双方自行约定并载明于此）

第三条　违约责任

1. 本协议正式签订后，任何一方不履行或不完全履行本协议约定条款的，即构成违约。违约方应当负责赔偿其违约行为给守约方造成的损失。

2. 任何一方违约时，守约方有权要求违约方继续履行本协议。

第四条 适用法律及争议解决

1. 本协议适用中华人民共和国的法律。

2. 凡因履行本协议所发生的或与本协议有关的一切争议双方应当通过友好协商解决；如协商不成，则通过诉讼解决。

第五条 协议的生效及其他

1. 本协议经双方签字盖章后生效。

2. 本协议生效之日即为股权转让之日，该公司据此更改股东名册、换发出资证明书，并向登记机关申请相关变更登记。

3. 本合同一式______份，甲乙双方各持______份，该公司存档____份，申请变更登记______份。

甲方（签字或盖章）：　　　　　　　　乙方（签字或盖章）：

签订日期：____年____月____日　　签订日期：____年____月____日

合伙人股权代持协议范本

股权代持又称委托持股、隐名投资或假名出资，是指实际出资人与他人约定，以该他人名义代实际出资人履行股东权利义务的一种股权或股份处置方式。从法律的角度来看，股权代持主要存在以下三种法律关系，第一种是实际股东与名义股东之间的法律关系，第二种是实际股东、名义股东与公司之间的法律关系，第三种是实际股东、名义股东与公司外第三人之间的关系。无论哪种法律关系，都是以合法为基础的，都必须遵守相关法律法规。以下是合伙人股权代持协议书模板。

合伙人股权代持协议书范本

甲方姓名（转让方）：　　　　　　乙方姓名（受让方）：

地址：　　　　　　　　　　　　　地址：

身份证号码：　　　　　　　　　　身份证号码：

联系方式：　　　　　　　　　　　联系方式：

甲、乙双方本着平等互利的原则，经友好协商，就甲方委托乙方代为持股事宜达成协议如下，以兹共同遵照执行：

第一条　委托内容

甲方自愿委托乙方作为自己对______有限公司（以下简称“公司”）人民币______万元出资（该等出资占______公司注册资本的______%，下简称“代持股份”）的名义持有人，并代为行使相关股东权利，乙方愿意接受甲方的委托并代为行使该相关股东权利。

第二条　委托权限

甲方委托乙方代为行使的权利包括：由乙方以自己的名义将受托行使的代持股权作为在______公司股东登记名册上具名、在工商机关予以登记、以股东身份参与相应活动、代为收取股息或红利、出席股东会并行使表决权、以及行使公司法与______公司章程授予股东的其他权利。

第三条　甲方的权利与义务

1. 甲方作为代持股份的实际出资者，对______公司享有实际的股东权利并有权获得相应的投资收益；乙方仅以自身名义代甲方持有该代持股份所形成的股东权益，而对该等出资所形成的股东权益不享有任何收益权或处置权（包括但不限于股东权益的转让、质押、划转等处置行为)。

2. 在委托持股期限内，甲方有权在条件具备时，将相关股东权益转移到自己或自己指定的任何第三人名下，届时涉及到的相关法律文件，乙方须无条件同意，并无条件承受。

3. 甲方作为代持股份的实际所有人，有权依据本协议对乙方不适当的受托行为进行监督与纠正，并有权基于本协议约定要求乙方赔偿因受托不善而给自己造成的实际损失，但甲方不能随意干预乙方的正常经营活动。

4. 甲方认为乙方不能诚实履行受托义务时，有权依法解除对乙方的委托并要求依法转让相应的代持股份给委托人选定的新受托人。

第四条　乙方的权利与义务

1. 未经甲方书面同意，乙方不得转委托第三方持有上述代持股份及其股东权益。

2. 作为______公司的名义合伙人，乙方承诺其所持有的股权受到本协议内容的限制。乙方在以合伙人股东的身份参与______公司经营管理过程中需要行使表决权时至少应提前7日通知甲方并取得甲方书面授权。在未获得甲方书面授权的条件下，乙方不得对其所持有的代持股份及其所有收益进行转让、处分或设置任何形式的担保，也不得实施任何可能损害甲方利益的行为。

3. 乙方承诺将其未来所收到的因代持股份所产生的任何全部投资收益(包括现金股息、红利或任何其他收益分配）均全部转交给甲方，并承诺将在获得该等投资收益后______日内将该等投资收益划入甲方指定的银行账户。如果乙方不能及时交付，应向甲方支付等同于同期银行逾期贷款利息之违约金。

4. 在甲方拟向______公司之股东或股东以外的人转让代持股份时，乙方必须对此提供必要的协助及便利。

第五条　委托持股费用

乙方受甲方之委托代持股份期间，收取代持报酬______元人民币。

第六条 委托持股期间

甲方委托乙方代持股份的期间自本协议生效开始，至乙方根据甲方指示将代持股份转让给甲方或甲方指定的第三人时终止。

第七条 保密条款

协议双方对本协议履行过程中所接触或获知的对方的任何商业信息均有保密义务，除非有明显的证据证明该等信息属于公知信息或者事先得到对方的书面授权。该等保密义务在本协议终止后仍然继续有效。任一方因违反该等义务而给对方造成损失的，均应当赔偿对方的相应损失。

第八条 争议的解决

凡因履行本协议所发生的争议，甲、乙双方应友好协商解决，协商不能解决的，任一方均有权将争议提请 公司注册地人民法院诉讼解决。

第九条 其他事项

本合同一式______份，甲乙双方各持______份，该公司存档______份，申请变更登记______份。

甲方（签字或盖章）： 乙方（签字或盖章）：

签订日期：______年____月____日 签订日期：______年____月____日

合伙资产分割协议书范本

合伙人散伙，或者有人退伙时就会涉及到合伙财产的分割。然而由于合伙财产的复杂性，处理起来通常会面临着诸多问题。这些问题的解决原则是，有约定则要按约定进行，没有约定的主要靠双方的协商，协商不成则需要付诸法律。

为了减少不必要的纠纷，最好事先约定，订立书面分割协议。合伙人资产分割议书具体模板如下。

合伙人资产分割协议书范本

甲方姓名（转让方）：	乙方姓名（受让方）：
地址：	地址：
身份证号码：	身份证号码：
联系方式：	联系方式：

鉴于甲、乙双方合伙共同经营____________（工商登记号：_________的合作基础已丧失，经双方友好协商决定，依据《中华人民共和国民法通则》、《中华人民共和国合伙企业法》及《合伙协议》的相关规定和约定，就合伙经营企业的财产分割相关事宜达成协议如下：

一、甲、乙双方共同经营____的财产范围

1. 主要财产：

财产详情____

____

2. 其他财产：

财产详情____

____

二、甲乙双方共同经营____的分割方案

本着公平、合理和诚实守信的原则做出如下分割：

1. ______________归甲方所有，代表更名为甲方，______________归乙方所有，代表更名为甲方。

2. 甲方须补偿乙方______万元人民币。或乙方须补偿甲方______万元人民币。

（1）补偿期限：____________

（2）补偿方式：____________

三、分割财产的交付和转移

自本协议签订之日起______日内变更登记____________手续；变更完成后视为乙方退出。

四、争议解决方式

双方因本协议发生争议的，应先协商解决，若协商未达到预期效果，一方可向当地人民法院提起诉讼。

五、其他

1. 分割后，甲方所持财产发生的一切风险______________等均与乙方无关。

2. 本协议自签订之日起生效。

六、其他事项

本合同一式______份，甲乙双方各持______份，该公司存档______份，申请变更登记______份。

甲方（签字或盖章）：　　　　　　　　乙方（签字或盖章）：

签订日期：______年____月____日 签订日期：______年____月____日

合伙人退伙财产评估协议书范本

在退伙人财产分割的过程中，往往还需要一个评估的过程；当然评估也要根据财产类型，或合伙人自己的要求。通常来讲，如果退钱，且额度较小可直接从公司退，不用评估；如果合伙人投资额度很大，或者不容易估算，为公平起见则需要评估。最后，根据评估结果退还合伙人应得的资产。

在对财产进行评估前，需要先向人民法院提出申请。

司法鉴定申请书范本

申请人：____________

被申请人：____________ 请求事项：

请求人民法院委托司法鉴定机构对申请人与被申请人的合伙资产____ __________的价值及______年____月____日至______年____月____日营运期间的经营收益进行司法评估和审计鉴定。

事实与理由：

申请人诉被申请人合伙纠纷一案，由于申请人对双方人的合伙资产__ ________的价值及______年____月____日至______年____月____日营运期间的经营收益无法确定，该资产的价值及收益直接决定本案的审理结果，根据《民事诉讼法》第72条规定和《最高人民法院关于民事诉讼证据的诺干规定》第25条的规定，特向人民法院申请委托鉴定。

此致

__________________区人民法院

申请人：____________

______年____月____日

合伙人退伙财产评估协议书

1. 为明确各合伙人与退伙人丙之间的财产权利义务关系，根据《民法通则》、《合同法》、《合伙企业法》及其他法律、法规，遵循平等自愿和友好协商原则，订立本协议。

2. 合伙财产评估企业名称为：

法定地址：______________________________

3. 合伙人：姓名：______ 性别：______ 年龄：______

住址：______________________________

身份证号码______________________________

以后其他新增的合伙人接受本协议约束，方能加入本合伙事务所。

4. 合伙人出资：

甲：____________________

乙：____________________

丙：____________________

5. 合伙人丙不出资，不参与合伙财产评估事务所管理。合伙人丙同意根据有关法律、法规的强制性规定应当由丙承担的民事责任，丙予以承担。其他各合伙人同意在丙承担民事责任之后，对其承担的民事责任给予全额赔偿，且各其他合伙人对丙的赔偿承担无限连带责任。

6. 丙在事务所正常决定经营范围内的执业行为，由本人承担民事责任。在执行与事务所经营有关的业务过程中，因本人过错使他人遭受伤害或财产损失时，不受本协议第5条约束，由丙本人承担责任。

7. 盈亏的处理，全体出资合伙人一致同意丙不承担合伙企业的亏损，也不享有合伙企业盈利分配（抵触合伙企业法第32条）。

8. 全体合伙人一致同意丙享有一切执业的权利，合伙企业为丙提供一切执行职务的便利条件，并免除各项费用。

9. 退伙

全体合伙人一致同意在丙提前30日通知其他合伙人情况下，可以退伙，无条件为丙办理退伙手续。

10. 其他未尽事项，另行协商，本协议各合伙人各持一份，具有同等效力。

11. 本协议自签订之日起生效。

12. 本合同一式______份，甲乙双方各持______ 份，该公司存档____份，申请变更登记______份。

各方（签字或盖章）：

签订日期：______年____月____日

合伙人股权激励方案协议范本

股权激励，是企业通过给合伙人授予股权，来让其拥有企业经营权的一种激励方式，使他们能够以股东的身份参与企业决策、分享企业利润、承担企业风险。这种激励方法，通常是企业为了激励和留住核心人才而推行的一种长期激励机制。使合伙人能与企业利益高度捆绑，成为利益共同体。

股权，作为合伙制企业中最主要的激励形式，更应该发挥其作用，让股权成为激励合伙人的一种核心权益。因此，在合伙之前有必要制定合适的股权激励方案，使每位合伙人的权益都得到最大限度的满足。这样，各个合伙人才能充分发挥自身的聪明才智，贡献自己的资源。

下面是某合作企业股权激励方案的样稿，也是大多是企业运用最多的一种范本。

合伙人股权激励协议书范本

为建立科学的企业管理机制，有效激发合伙人的工作热情，不断提升企业在市场中的竞争力。经公司股东会研究决定，现对公司创业合伙人________进行干股激励与期权计划，并以此作为今后行权的合法书面依据。

第一条　干股的激励标准与期权的授权计划

1. 公司赠送______万元分红股权作为激励标准，__________以此获得每年公司年税后利润（不含政府补贴和关联公司转移利润）的分红收益，自______年_____月____日起至公司股份制改造完成日为截止日。原则上干股激励部分收益累积后作为今后个人入股资金，暂时不进行现金分配，在期权行权时一次性以税后现金分红形式进行购买股份，多退少补。

2. 公司授予个人干股，在未行权前股权仍属原股东所有，授予对象只享有干股分红的收益权。本次确定期权计划的期权数量为______万股，每股为人民币______ 元整。

第二条　干股的激励核算办法与期权的行权方式

1. 干股分红按照公司的实际税后利润，公司财务必须严格按照财务制度，向管理层透明与公开，并指定主要管理人员参与监督。每年税后利润暂以年度审计报告为准，最终确认在公司股份制改造时以会计师事务所最终审计报告为准。

2. 期权行权在公司改制时进行，并一次性行权，如放弃行权，公司按其所持干股的累积分红按税后的现金分红形式支付其本人。

3. 行权价格按行权时公司每股净财产价格确定，出资以其所持干股累积未分配收益冲抵，多退少补。如干股累积分红收益不足以支付全部行权金额且本人不予补足，则对应不足出资部分视为其本人自愿放弃，原权益仍属于原股东，其本人相关股份数量根据其实际出资情况自动调整，其相关损失也由其本人承担；期权行权后，公司以增资形式将员工出资转增为公司股本。

4. 入股人必须是其本人，同时必须符合公司以下相关要求。

5. 期权转股手续与股票流通按照上市公司的有关规定执行。如有上市需要，公司进行股份制改造时的增资或引入战略投资者，则公司在保证其本人现有期权数量的基础上，有权对公司股权进行重组，以便保证公司的顺利。

第三条　授予对象及条件

1. 干股激励及期权授予对象经管委会提名、股东会批准的核心合伙人及关键岗位合伙人。

2. 本方案只作为公司内部合伙人的首次激励计划。

3. 授予对象必须是本公司正式合伙人，必须遵守国家法律、法规与公司制度，同时愿意接受本方案有关规定。

第四条　基于干股激励与期权计划的性质，受益人必须承诺并保证：

1. 承诺绝对不直接或间接拥有管理、经营、控制与本公司所从事业务相类似或相竞争的业务。

2. 保证有关投入公司的财产（包括技术等无形财产）不存在任何类型或性质的抵押、质押、债务或其他形式的第三方权利。

3. 保证不存在任何未经披露与任何第三方合作投资情形，也未为投资之目的充当任何第三方受托人或代理人。

4. 为确保公司上市后的持续经营，本人保证在公司上市的______年内不退伙，并保证在退伙后______年内不从事与本人在公司工作期间完全相同的业务经营活动，无论何时也不泄露原掌握的商业秘密。

5. 本人同意无论何种原因在公司上市前离职，退伙前所持的干股激励收益根据账面实际金额，按照税后现金分红形式支付给其本人，原授予的干股激励由于本人退伙自动终止，期权计划同时取消。

6. 如果在公司上市后未到公司规定服务期限内退伙，本人同意按照（上市收益按三年平摊）的原则，将所持的股权收益按照上市前双方约定的有关规定退还未服务年限的收益。

7. 在公司上市前如有违法行为被公司开除，本人承诺放弃公司给予的所有干股激励所产生的一切收益。

8、在公司上市后如有违法行为被公司开除，本人同意按照上述第六条双方约定的（退还未服务年限的收益）规定处理。

9. 任职期间，本人保证维护企业正当权益，如存在职务侵占、受贿、从事与本企业（包括分支机构）经营范围相同的经营活动、泄露商业秘密等行为，本人愿意支付十倍于实际损失的违约金，同时愿意接受公司对于本人的行政处罚甚至开除处理。

10. 本人保证所持干股激励与期权不存在出售、相互或向第三方转让、对外担保、质押或设置其他第三方权利等行为，否则，本人愿意由公司无条件无偿收回。

本人保证不向第三方透露公司对本人激励的任何情况。

第五条　合伙人股东权益

1. 期权完成行权后，按照上市公司法有关规定，其以实际出资享受相应表决权和收益权。其他相关权益，由《公司章程》具体规定。

2. 公司根据其投资企业实际盈利情况确定分红，若公司分红用于转增资本，视同其实际出资，其相关税费由股东自己承担。

3. 今后如因上市股权增发需要，公司有权对股权进行整合，具体股权整合方案届时协商确定。

第六条　违约责任

任何一方不得违反本协议，否则必须承担由此造成其他方损失。若因一方违反协议导致本协议无法履行，其他方有权终止本协议。

第七条　不可抗力

因不能预见且发生后果不能防止或不可避免，造成一方使本协议不能履行或不能完全履行时，可以免于承担其他方损失赔偿责任。但遇有不可抗力一方，应立即书面通知其他方，并出示有效证明文件。

第八条　其他

1. 本协议变更、修改或补充，必须由各方共同协商一致并签订补充协议。

2. 本协议未尽事宜由各方友好协商决定，或以书面形式加以补充。若因协议履行发生争议，应通过协商解决，协商无法解决的可通过法律途径解决。

3. 考虑到上市的有关要求，本协议正本一份，用于公司备案。授予对象保留一份副本。

4. 协议自协议各方签字后生效。

甲方：　　　　　　　　　　乙方：

代表签字：　　　　　　　　本人签字：

签署地：____________　　签署日期：____________

合伙人利益分配协议范本

在合伙企业中，因利益分配问题而导致分崩离析的例子屡见不鲜。企业初创期，各个合伙人尚可同甘共苦，为了同一个目标，劲往一处使，甚至不会计较个人得失。然而，在企业慢慢转入正轨之后，尤其是开始赚钱后，很可能就会因利益问题而出现矛盾，矛盾和纠纷由此产生。

为什么会出现这样的情况？主要原因在于绝大部分企业没有事前制定利益分配协议，明确各合伙人之间的权益分配原则和方式、方法。那么，如何制定合伙人利益分配协议呢？可参考如下模板。

合伙人利益分配协议范本

协议目的

根据《企业合伙协议》的规定，合伙人经过协商，对______年____月____日至______年____月____日合伙所得利益分配达成一致意见，特签署本协议。

第二条　合伙人信息

合伙人甲：基本信息

合伙人乙：基本信息

合伙人丙：基本信息

第三条　合伙人的基本情况

本合伙是由合伙人______、______和______共同出资，以________________________为目的而结成的。合伙已经在工商部门完成登记，个体工商字号为______________，经营场所为______________，由作为合伙负责人按照授权处理日常合伙事务。

第四条　合伙人盈利情况

合伙经营情况表（____年____月____日——____年____月____日）

财产		负债	
不动产			
动产			
现金			

续表

财产		负债	
……	……	……	……
合计		合计	

在扣除债务后，可分配净财产数额为______元。

第五条　合伙分配的基本原则

所有合伙人一致同意，按照各合伙人在合伙中所占份额为标准进行利润分配，各合伙人应分配利润数额如下：

合伙人姓名	所占股份	应分配利益

第六条　利润分配方式

本合同的合作期限为______年，以下为具体的利润分配方式：

1. 第______年甲方需将乙方所收取合作项目费用的______%给予乙方作为收益。

2. 第______年甲方需将乙方所收取合作项目费用的______%给予乙方作为收益。

3. 第______年甲方需将乙方所收取合作项目费用的______%给予乙方作为收益。

其他相关规定

第七条　争议解决

各方就履行中产生的任何争议，都应由各方通过友好协商解决，协商不成的，各方一致同意将该争议提交至仲裁委员会进行仲裁。

任何一方有权向__________人民法院提起诉讼。

第八条　本合同未尽事宜，按法律、法规、规章、政策执行。

甲方（签章）：____________　　______年____月____日

乙方（签章）：____________　　______年____月____日

新合伙人入伙协议范本

在合伙经营过程中，如果有新合伙人加入，可在原合伙人同意的基础上，重新签订新合伙协议。在新合伙协议中，需要约定新合伙人的出资情况，享有的权利、履行的义务等。

新合伙人入伙应当符合一定的条件。按规定，入伙应当符合两个条件，一个是法定条件，一个是非法定条件。

1. 法定条件：应经全体合伙人一致同意，并签订合伙协议。

合伙企业是各合伙人基于互相信任而组成的企业，每个合伙人都享有平等的权利。同样，对于合伙企业的债务，各合伙人也要承担无限连带责任。一个新合伙人的加入，意味着合伙企业的原有合伙人都将对该新合伙人在合伙企业中的行为承担无限连带责任。

同时，合伙企业是在合伙人一致同意订立的合伙协议基础上建立起来的，新合伙人的入伙，使得合伙企业的合伙人发生变化，实际上修改了合伙协议。因此，对于是否接受一个非合伙人入伙，每一个合伙人都有决定权；任何一个合伙人拒绝其入伙的，该非合伙人就不能成为合伙企业的合伙人。正是基于合伙企业的这一特点，本条明确规定，新合伙人入伙应当经全体合伙人一致同意。

2. 非法定条件：充分尊重入伙人个人的意愿

合伙企业是以合伙人之间的协议为基础建立和运行的。除了法律有强制性规定的事项以外，合伙企业的所有事项都应当尊重合伙人的意思自治。合伙协议也可以对入伙事项进行约定，如约定只要 1/2 以上的合伙人同意，非合伙人就可以入伙，而不用全体合伙人一致同意。

这一约定实际上是合伙人自己对入伙决定权的限制，只要是合伙人的真实意思表示，法律对此应当予以尊重。因此，本条第一款还做出了除外规定，即合伙协议如果约定新合伙人入伙不必经全体合伙人一致同意的，按照协议的约定执行。

相关法律：

(1)新合伙人入伙，经全体合伙人一致同意（注：依据《合伙企业法》第四十三条的规定)，依法订立书面入伙协议。订立入伙协议时，原合伙人应当向新合伙人如实告知合伙企业的经营状况和财物状况。

(2)入伙的新合伙人与原合伙人享有同等权利，承担同等的责任(注：也可依据《合伙企业法》第四十四条的规定在本条约定新合伙人的其他权利和责任)。新合伙人对入伙前合伙企业的债务承担无限连带责任。

《合伙企业法》的第四十三、四十四条具体条款如下：

第四十三条（本条是对新合伙人入伙条件的规定。)

新合伙人入伙，除合伙协议另有约定外，应当经全体合伙人一致同意，并依法订立书面入伙协议。

订立入伙协议时，原合伙人应当向新合伙人如实告知原合伙企业的经营状况和财务状况。

第四十四条（本条是对入伙的新合伙人的权利义务的规定。)

入伙的新合伙人与原合伙人享有同等权利，承担同等责任。入伙协议另有约定的，从其约定。

新合伙人对入伙前合伙企业的债务承担无限连带责任。

新加入的合伙人签订协议，签订方式有两种：

(1)原合伙人成为共同一方（甲方)，与新加入者（乙方）签订合作协议。

(2)所有的合伙人各为一方：甲、乙、丙签订合作协议，具体可视情况而定，详细模板如下所示。

新合伙人入伙协议范本

合伙人信息

(一)原合伙人信息：

合伙人甲：基本信息

合伙人乙：基本信息

新入伙人信息：基本信息

第一条　协议目的

经过全体合伙人共同协商，一致同意______作为新合伙人加入本合伙。

本协议以规范新入伙人权利和义务为目的，在《企业合伙协议》的基础上，由新合伙人与原合伙人协商一致后订立。新合伙人______已经完整阅读并充分了解了《新合伙人入伙协议》中规定的权利和义务，并同意完全遵守。

第二条　合伙的基本情况

本合伙是由合伙人______、______和______共同出资，以______为目的而结成的。合伙的期限为自签约之日起______年。

合伙已经在工商部门完成登记，个体工商字号为______，经营场所为______，由______作为合伙负责人按照授权处理日常合伙事务。

第三条　新合伙人的出资方式、数额、缴付期限

新合伙人________以________方式出资，计人民币______元；______年____月____日前实际缴足出资，逾期未缴或未缴足的，视为未加入合伙；已缴部分予以退还。

完成出资之日视为正式入伙，成为本企业的合伙人。

所有合伙人需签署《新合伙人出资证明》，确认新合伙人的出资份额。

第四条　利润分配

新合伙人的利润分配，自入伙日起开始起算，以其出资额占合伙财产的比例为依据，按比例分配。

第五条　债务承担

新合伙人同意对加入合伙之前的所有债务承担偿付义务。原合伙人需要将个人合伙的经营状况向新合伙人如实告知，对于未予告知的债务，新合伙人不需要承担偿付义务。如新合伙人对外予以偿付的，则可以向其他合伙人进行追偿。合伙债务先由合伙财产进行清偿，合伙财产不足以清偿的，以入伙日起各合伙人的出资比例承担。

第六条　争议解决

各方在履行过程中产生的任何争议，都应由各方通过友好协商的方式解决，协商不成的，各方一致同意将该争议提交至仲裁委员会进行仲裁。

任何一方有权向人民法院提起诉讼。

第七条　其他

1. 经协商一致，合伙人可以修改本协议或对未尽事宜进行补充；补充、修改内容与本协议相冲突的，以补充、修改后的内容为准。

2. 本协议一式______份，合伙人各执______份，均具有同等效力。

3. 本协议经全体合伙人签名、盖章后生效。

原合伙人签字：________　　　　日期：______年____月____日

新合伙人签字：________　　　　日期：______年____月____日

合伙人退出协议书范本

按照《合伙企业法》的第四十六至五十条的相关规定，符合一定情形的合伙人可以退伙。同时应当提前30日通知其他合伙人。合伙退出人违反《合伙企业法》退伙条款的，应当赔偿由此给合伙企业造成的损失。

《合伙企业法》的第四十六至五十条具体条款如下：

第四十六条

合伙协议未约定合伙期限的。合伙人在不给合伙企业事务执行造成不利影响的情况下，可以退伙，但应当提前三十日通知其他合伙人。

第四十七条

合伙人违反本法第四十五条、第四十六条的规定退伙的。应当赔偿由此给合伙企业造成的损失。

第四十八条

合伙人有下列情形之一的，可以退伙：

（1）作为合伙人的自然人死亡或者被依法宣告死亡。

（2）个人丧失偿债能力。

（3）作为合伙人的法人或者其他组织依法被吊销营业执照、责令关闭、撤销。或者被宣告破产。

（4）法律规定或者合伙协议约定合伙人必须具有相关资格而丧失该资格。

（5）合伙人在合伙企业中的全部财产份额被人民法院强制执行。

合伙人被依法认定为无民事行为能力人或者限制民事行为能力人的。经其他合伙人一致同意，可以依法转为有限合伙人。普通合伙企业依法转为有限合伙企业。其他合伙人未能一致同意的，该无民事行为能力或者限制民事行为能力的合伙人退伙。

退伙事由实际发生之日为退伙生效日。

第四十九条

合伙人有下列情形之一的，经其他合伙人一致同意。可以决议将其除名：

（1）未履行出资义务的；

（2）因故意或者重大过失给合伙企业造成损失的；

（3）执行合伙事务时有不正当行为的；

（4）违背合伙协议约定的。

对合伙人的除名决议应当书面通知被除名人。被除名人接到除名通知之日，除名生效，被除名人退伙。

被除名人对除名决议有异议的，可以自接到除名通知之日起30日内。向人民法院起诉。

第五十条

合伙人死亡或者被依法宣告死亡的，对该合伙人在合伙企业中的财产份额享有合法继承权的继承人，按照合伙协议的约定或者经全体合伙人一致同意，从继承开始之日起，取得该合伙企业的合伙人资格。

有下列情形之一的，合伙企业应当向合伙人的继承人退还被继承的财产份额：

（1）继承人不愿意成为合伙人的；

（2）法律规定或者合伙协议约定合伙人必须具有相关资格，而该继承人未取得该资格的；

（3）合伙协议约定规定的，不能成为合伙财产继承的其他情形。

合伙人的继承人为无民事行为能力人或者限制民事行为能力人的，经全体合伙人一致同意，可以依法成为有限合伙人。普通合伙企业依法转为有限合伙企业。全体合伙人未能一致同意的，合伙企业应当将被继承合伙人的财产份额退还该继承人。

总而言之，企业要提前制定退伙机制，让合伙人在刚一入伙时就明白退伙的相关事宜。这样即便途中有合伙人推出，双方也不会为难，好聚好散。

下面是一份合伙人退出协议范本。

合伙人退出协议范本

合伙人甲：基本信息

合伙人乙：基本信息

合伙人丙：基本信息

根据《中华人民共和国合伙企业法》、合伙协议的相关条款规定，按照自愿、平等、公平、诚实的原则，经全体合伙人一致，制定本协议。

1. 甲、乙、丙双方合伙经营的公司名称：________________住址：________________；营业执照号码：________________；其他权证号码：________________。

2. 经甲、乙双方同意，以______年____月____日为丙方退伙之日。

3. 甲、乙、丙三方于______年____月____日订立合伙协议，共同合伙经营事业，现因丙方________________原因，提出退伙并经全体合伙人同意。

4. 甲、乙、丙三方于______年____月____日按照退伙时的合伙制企业的财产进行结算，退还退伙人丙方______元。

5. 丙方应缴清其在合伙期间内的一切税费。

6. 丙方对其退伙前已发生的合伙制企业债务，与其他合伙人承担连带责任。

7. 丙方退伙后，合伙事业某些事项需要丙方予以协助完成的，丙方有义务予以配合，如变更有关登记事项、变更有关协议主体、履行未完结的合同等。

8. 甲、乙、丙各方承诺对双方合伙、退伙事宜俱无隐瞒。任何一方隐瞒事实、损害另一方合法权益的，应承担相应法律责任。

9. 本协议自甲乙双方共同签字后成立，一式______份，甲、乙、丙方各执______份为凭。

甲方：　　　　（签字）

乙方：　　　　（签字）

______年____月____日

合伙企业业务外包协议范本

在合伙企业中，有一种十分具有激励性的激励方式，即是以承包理念为主的大包干制度。大包干又叫包干到户，灵感来源于中国农民对土地进行承包的制度。这种制度也适合合伙制企业。即让合伙人承包某个项目，自主经营，获利后只需上缴一部分所得，其余全部归承包人个人所有。目的是鼓励合伙人有机会获得更多的利益。

因此，将部分业务、市场承包给合伙人自主经营，就成为很多合伙制企业非常重要的一种管理模式。在这种模式下企业为了更好地控制合伙人，保证双方的权益不受损失，需要制定相应的协议，即业务外包协议。具体模板如下：

合伙企业业务外包协议

合伙人甲：基本信息

合伙人乙：基本信息

合伙人丙：基本信息

第一条　合伙宗旨

共同出资，合伙经营，共享收益，共担风险。

第二条　外包项目和范围

合伙承包＿＿＿＿＿＿＿＿＿项目。

第三条　外包期限

外包期限为＿＿＿年，自＿＿＿年＿＿月＿＿日起，至＿＿＿年＿＿月＿＿日止。

第四条　外包合伙人基本信息

1. 合伙人（姓名）以现金方式出资，计人民币＿＿＿元；合伙人姓名）以现金方式出资，计人民币＿＿＿元；合 伙人（姓名）以现金方式出资，计人民币＿＿＿元；合伙人（姓名）以现金方式出资，计人民币＿＿＿元。

2. 各合伙人的出资＿＿＿年＿＿月＿＿日前交齐。逾期不交或未交齐的，应按照未交金额数计付银行利息并赔偿由此造成的损失。

3. 本合伙出资共计人民币______元。合伙期间各合伙人的出资为共有财产，不得随意请求分割。合伙终止后，各合伙人的出资仍为个人所有，届时予以返还。

第五条　盈余分配与债务承担

1. 盈余分配：以出资份额为依据分配。

2. 债务承担：合伙债务先由合伙财产偿还，合伙财产不足清偿时，以各合伙人的出资份额为据承担。

第六条　入伙、退伙、出资的转让事项

1. 入伙：(1) 需承认本合同；(2) 需经全体合伙人一致同意；(3) 执行合同规定的权利义务。

退伙：(1) 需有正当理由；(2) 不得在合伙不利时退伙；(3) 退伙需提前______月告知其他合伙人，并经全体合伙人同意；(4) 退伙后以退伙时的财产状况进行结算，不论何种方式出资，均以货币结算；(5) 未经合伙人同意而自行退伙给合伙人造成损失的，应进行相应赔偿。

3. 出资转让：允许合伙人转让自己的出资。转让时合伙人有优先受让权；如转让合伙人以外的第三人，第三人应按入伙对待，否则以退伙对待转让人。

第七条　合伙、合伙负责人及其他合伙人的权利

1. 合伙共同行使的权利：(1) 对外订立合同；(2) 出售合伙的产品；(3) 支付 合伙债务；(4) 其他涉及经营的重大事项。

2. __________为合伙负责人。其权限是：(1) 对合伙事务进行日常管理；(2) 落实合伙事项进度并保证质量；(3) 代表合伙对外协调；(4) 小额资金调用的决定权；(5) 其他约定的权利。

3. 其他合伙人的权利：(1) 参与合伙事业的管理；(2) 听取合伙负责人开展业务情况的报告；(3) 检查合伙经营情况；(4) 共同决定合伙重大事项。

第八条　禁止行为

1. 未经全体合伙人同意，禁止任何合伙人私自以合伙名义进行其他业务活动。

2. 禁止合伙人经营与合伙竞争的业务。

3. 禁止合伙人再加入其他合伙。

4. 禁止合伙人与本合伙签订合同。

5. 如合伙人违反上述各条，应按合伙实际损失赔偿。

第九条　合伙的终止及终止后的事项

1. 合伙因以下事由之一终止：（1）合伙期届满；（2）全体合伙人同意终止合伙关系；（3）合伙事业完成或不能完成；（4）合伙事业违反法律被撤销；（5）法院根据有关当事人请求判决解散。

2. 合伙终止后的事项：（1）合伙人共同清算；（2）清算后如有盈余，则按收取债权、清偿债务、返还出资、按比例分配剩余财产的顺序进行。固定资产和不可分物，可作价卖给合伙人或第三人，其价款参与分配；（3）清算后如有亏损，不论合伙人出资多少，先以合伙共同财产偿还，合伙财产不足清偿的部分，由合伙人按出资比例承担。

第十条　争议解决方式

合伙人之间如发生争议，应共同协商，本着有利于合伙事业发展的原则予以解决。协商不成的可依法向法院起诉。

第十一条　未尽事宜

本合同如有未尽事宜，应由合伙人集体讨论补充或修改。补充和修改的内容与本合同具有同等效力。

其他

本合同正本一式______份，合伙人各执______份。

合伙人甲：____________（签名）

合伙人乙：____________（签名）

合伙人丙：____________（签名）

______年____月____日

个人项目合伙协议范本

合伙，是个非常广泛的概念，既适用于企业之间，企业与个人之间，也适用于个人之间。既适合全方位的合作，也适用于就某个特定的项目短期的合作。

下面就来了解一下，针对某个特定项目的合伙协议，这类协议除了约定合伙人的权利和义务，利益分配等外，还需要明确项目介绍、项目进展情况，项目的继续与终止，以及可能潜在的风险，需要承担的后果等。

XX 项目个人合伙协议书

合伙人甲：基本信息

合伙人乙：基本信息

合伙人丙：基本信息

总则

甲、乙、丙三方（其后简称“三方”）本着平等自愿、优势互补、责任共担、利益共享的原则，就合作创立并运营XX项目（其后简称该项目）事宜达成如下协议（其后简称本协议），三方皆需遵照执行。

第一条 合伙创业项目简介

1. 该项目属于____________行业，目标客户是____________，主要是通过产品满足用户____________的需求。

2. 该项目创立宗旨是____。

3. 发展战略：公司立志成为____________________________________。

第二条 合伙职责分工

三方作为该项目的合伙人，为了共同的目标和愿望走到一起，现将分工明确如下：

____________项目总负责。

____________负责战略和财务。

____________负责技术。

第三条 股权利益分配

1. 股权转让

每个合伙人的股权不得随意转让第三方，确实需转让者，必须书面提交股东会全体股东表决多数通过方可执行，否则视为无效。

2. 股权套现

符合以下条件，并经三方同意方可：

（1）在公司 IPO 上市前，股权套现仅限于第三方投资人之到账现金。

（2）本项目获得投资后，在不影响项目发展并征得投资人（股东）同意的前提下，需要套现的一方（其后简称“套现方”）可书面提交股东会多数表决通过后套现，被出让的股权仅限于公司股东受让。

套现额 = 自己所持股份比例______% × 第三方投资到账金额______万元 ×（不高于______%）。

（3）下次套现时间为新投资者跟投之后，计算方式同上；以保证投资人信心、团队稳定及项目平稳发展。

第四条　薪资财务约定

1. 在获得投资前或项目盈利前，三方合作关系属于持股免薪联合创业。

2. 该项目从创立之初即按照公司模式管理运作，由甲方暂时负责财务管理分类记账，定期向团队汇报后，由甲方代表三方签字，以便作为融资的账目凭证。

3. 项目获得首轮投资后开始扩建团队，引进财务、市场、技术、管理等人才，完善公司管理制度，三方皆遵守公司管理制度。

第五条　分歧表决原则

1. 岗位工作分歧

遇到某合伙人岗位工作的分歧，应该采取“专业负责制”原则：即首先应倾听专业负责合伙人（A）的观点及解释，然后全体股东表决。如果全体股东皆不同意 A 的解释；而 A 坚持按他的方案展开工作，此时如果 CEO 不投反对票，可让 A 的方案执行，但 A 须对执行后果负责，同时 CEO 负有连带责任。

2. 实施策略分歧

针对发展策略的分歧，原则上应先展开用户调研，听取用户建议；之后由全体股东表态决定。如果全体股东仍无法解决分歧，则由CEO最终定夺。

第六条　入伙退伙机制

1. 新合伙人入股原则

如项目发展需引入新股东，必须满足以下条件：

（1）专业技能与现有股东互补而不重叠。

（2）需经过多数（或全体）股东认同。

（3）股权比例需经过全员股东商议决定。

（4）从全体股东按原股权比例稀释。

2. 合伙人退出原则

（1）某合伙人因能力精力或时间不能胜任项目发展需要，已经严重阻碍项目发展，由全体股东表决通过后可与该合伙人解除合伙关系；该合伙人之前的投资额按半年期分______次无息返还；该合伙人的技能及精力投入根据股东会按行规表决折算为相应费用补偿。

（2）如合伙人需要退出该项目，需提交申请，经过全体合伙人股东表决通过后可解除合伙关系；该合伙人之前投资额按______年期分______次无息返还；该合伙人的技能及精力投入不做任何补偿，该合伙人不再享有项目的任何权益。

第七条　项目推进计划

1. ______________________________

2. ______________________________

3. ______________________________

第八条　项目保护原则

1. 三方都须对该项目的商业模式、软件代码和设计等公司机密事项保密并承诺不对第三方公布。

2. 三方都不能与任何公司外同行展开类似业务的合伙或合作，否则视为严重违约并自动退出项目，已投入的资金及技术不予退还，技能和精力投入不做补偿，同时不享有项目任何股权及权益。

第九条　项目终止原则

1. 如遇天灾、政策、法律及重大公共安全事件等不可抗力因素导致本项目终止，三方皆不承担法律责任。

2. 该项目如在______年____月____日前仍未实现正常运营，经全体股东表决通过后可终止；三方皆不承担法律责任。

3. 如有违反本协议以上任何一条条款者，视为违约并自动放弃所持股权及权益。

第十条　其他补充说明

1、未尽事宜三方协商处理，协商一致后，另行签订补充协议；具同等法律效力。

2、如的确遇到不能协商一致之事宜，三方同意在当地法院提起诉讼。

3、本协议一式______份，三方签字后各执______份，具有同等法律效力。

第十一条　其他

合伙人甲：____________（签名）

合伙人乙：____________（签名）

合伙人丙：____________（签名）

______年____月____日